バババア上等！　番外編

地曳いく子のお悩み相談室

地曳いく子

集英社文庫

C o n t e n t s

WORRIES
ABOUT
FASHION

WORRIES ABOUT

WORK

WORRIES ABOUT LIFE

ババア上等！　番外編　地曳いく子のお悩み相談室

本文デザイン／アルビレオ
本文イラスト／松元まり子

はじめに

本書は、集英社のＷｅｂマガジン「OurAge」で連載していたものをまとめてみたものです。ネットで募集した皆様のお悩みに、江戸っ子らしいちょっとガサツな私がバサッと答えています。普通のお悩み相談の親切な答えとは違い、まったく別の方向や考え方から私なりに答えていたのですが、なぜか毎回ご好評を頂き、〝いきなり文庫〟として出版する運びとなりました。

まだまだ、何かと大変な世の中です。「心を折らず、生きていくのは本当に大変」と、皆様から寄せられたお悩みの数々を拝見して、改めて実感しています。

お悩みを抱えているのはあなただけではありません！

この時代、多かれ少なかれ皆さんお悩みを抱えて日々生きているのです。

すごく共感できるお悩みもあれば、「えっ？　これのどこが悩み？」と思える相談もあります。同じことが起きてもそれが重大な悩みになる方と、「そんなの大したことないわ」と乗り切れる方もいらっしゃるかもしれませんよね。

同じ問題が起きてもそれに対する感じ方は本当に人それぞれなのです。

私の答え方が優しくなさすぎて「え〜、キツイ」と思われる方もいらっしゃるかもしれませんが、そこは愛の鞭《むち》としてご容赦ください。

［本書の取扱説明］

電車移動時にお読みになる場合、のめり込みすぎて降りる駅を乗り越す事例が多々報告されています。ご注意ください。

WORRIES ABOUT FASHION

太ってきた私、似合うものを見つける方法は？

太ってきて何が似合うのかわからない年齢になってきました。田舎でスタイリッシュなおばさんをほとんど見かけないので、気持ち的にも老け込んだ気がします。自分に似合うものを見つける方法が知りたいです。

（四十三歳・専業主婦・三重県）

まず、「スタイリッシュ」ってなんでしょうか？
時代によってその定義は変わります。
昔は、服のサイズが合っていて、ある程度トレンドを上手《うま》く取り入れている人がスタイリッシュでしたね？　でも、今、サイズ選びにも罠《わな》が！

まず、服は自分に合ったサイズを選ぶことが大切なんですが、今、服のシルエットが多様化しているので実は難しいのです。ザラ（ZARA）でもユニクロでも、同じMサイズでも大きさがいろいろ。

もしネットで服を買うなら、きちんとサイズ表を確認してくださいね。必ず載っていますから。自分のサイズと照らし合わせてチェックすると、**普段2Lの人も、この服はLがぴったり**、ということが起こりますので。

でも私たち世代の女性にとって、実は**一番大事なのは「下着の買いなおし」**なんです。意外ですかね。

電車でよく見かけるのが、ブラでおさえた脇のお肉と、その下の境目に段差ができている人。そして、きついガードルを穿《は》いているのか、ウエストのあたりにぽこっとお肉が乗っている人。これはいけません。**若い頃とは肉質と肉のつきかたが違って、そういう段差が目立ってしまうんです。**この段差がおばさんに見えるもと。体が大きいなら大きいなりに、段差のないスムースなラインを作ればすっきり見えます。

まずはブラです。ふくよかな方は段差を作らないために「ブラの脇のおさえの幅が広い」ものを選びましょう。ちなみに、私はこの歳《とし》でもヴィクトリアズ・シークレット（Victoria's Secret）のブラをしていますが、こういう若い人向けのブランドでも、その中から幅広のものを選ぶのです。

それより手っ取り早いのは、**二万円を握りしめて、ちゃんとフィッターのいるデパートに行ってブラを数枚買うこと。**

若い子は、胸が自力で上を向いているのでカップつきのキャミでも許されますが、**歳を重ねて大きくなった胸はそれじゃ支えられない場合も！**

それに、ババくさく見える人ってたいてい胸のバストポイントが下がっていませんか？　老けて見られるし、胸が下がっていると自分の気持ちも下がりますよ。

自分に合うブラを手に入れて胸が上がったら、それから服を考えて。手持ちの服だって見違えますよ。姿勢も大事です。猫背はババくさく見えます。

それと、簡単にあか抜けたいなら足元は「スニーカー」。どんなに服が普通でもこなれて見えるからです。

はじめにブラ、下着で今の体型をブラッシュアップ！　そして最後はスニーカーで足元をアップデート。令和のスタイリッシュってそういうことだと思います。

まずは、そこから。

通販でなんでも手に入れられる時代、おしゃれに都会も田舎も関係ない！　一緒に頑張りましょう。

五十代「何を着てもどこかおかしい、似合わない！」

似合う服がなくなりました。どんな服を着てもどこかおかしいと感じるようになって、服が買えなくなってしまいました。自分に合う服はどのように見つけたらいいですか？

（五十九歳・自由業・兵庫県）

この「似合う服がわからない」というお悩み、本当にたくさんの方からいただいています。そんなあなたはまず、**五十代になったらこれまでとは違う自分で、違う人生を送り始めた**と思ってください。

もし、**今も二十代三十代のときの「似合う」の基準のままだったら、はっきり言っ**

て似合う服なんかほとんどありません。「どうしても昔の好みから抜け出せない」という方も多いんですが、一度、自分の全身を鏡でよく見てみましょう！　この年代になると、体型だけじゃなくて顔や体全体の雰囲気も変わってきます。本当にたま〜に、二、三十年前の服でも似合うものがあるかもしれないけど、そんなのは数百枚に一枚以下です。**時代も自分も変わったから、それはもうしょうがないことなんです。**

昔のモノを大事にするのはサスティナブルでいいことかもしれないけど、似合わない服を着てずっと不機嫌でいるほうが損だし、周りにも迷惑です（笑）。だから、**自分に似合う服のベクトルや基準を、ここで一度、見直しましょう。**

今、自分がどんな気持ちで、どんな服が好きでどんな服はイヤか、どんな自分を目指しているかを一度リセットすること。

そして「新しい私」となって、新たな自分に似合う服を探す。それが第一です。

そのためには、以前も私の著書の中で何回か書いたのですが、まず、自分の持って

いる服の中で、**「似合わない服」「足を引っ張る服」をどんどんリストラしていくこと。**去年似合っていても今年イマイチ、と思ったらそれはもう処分。四十代以降になると、この**「去年OK、今年がっくり」現象がよく起こります（笑）。**だから、「ギャ〜、こんなはずでは……！」なんて落ち込んでいないで、「もうこの感じの服は卒業したんだな」と思って潔く捨てましょう。

次に、新たな自分としてこれから服を見つけるにはどうするか。

まず、**自分の予算内の服屋さんに行きましょう。**リッチな人ならグッチ（GUCCI）

に行ってもいいし、低予算に抑えたいならユニクロでもザラ（ZARA）でも。その中で、あなたが「あ、この人の格好好きだわ」とか「この人いい感じ！」というスタッフや販売員さんを見つけましょう。素敵と思えるスタッフがいなかったら次の店に行く。

そして、「いい感じ！」と思った販売員さんに相談してみるんです。すると、その販売員さんの目でおすすめのものを出してくれると思うんですね。それをとりあえず着てみる。「え〜!?」っていうぐらい似合わないのもあるかもしれないけど、中には**「あれ？ 今までこういう服は手に取ってこなかったけど、なんだかちょっとかわいく見えるんじゃない？」**っていう服が必ずあるはずです。

そうして**他人の目を一度借りてみると、それが糸口となって、あ、今の私にはこういう服が似合うのかも、ということが見えてきます。**実際に買う、買わないはあなたの自由。もしちょっと迷ったときは、いったんそこを離れてお茶でもしてみましょう。

それで忘れちゃったら、それはあなたの網に引っかからなかった服だから忘れてよし。

こんなふうに、もう一度、人の手を借りて、**自分の好きな服探し、自分を助けてくれる服探しの旅に出ましょう！**　面倒くさいけど（笑）。

私自身も最近、このメソッドはよくやっていて、例えば、くるぶしまでの長いワンピースや細いジョギパンなんかは、昔だったらあまり買わなかったけれど、今はヘビロテしています。

年齢とともに雰囲気が変わってくると、思わぬもの、以前は買わなかったような服が似合ったりするので、そこはぜひお楽しみに。

おしゃれは「トライ&エラー」の繰り返しで上達します。

あなたもきっと、新たな道が拓《ひら》けるはず。新しい時代が始まりました。新しい自分に似合う新しいスタイルを見つけてくださいね。

古い服を捨てられない。部屋着なら着られる、とか思ってしまう……

古い服を処分できない。新しい服を一枚買ったら一枚捨てるといいと頭ではわかっていても、部屋着なら着られるとか思ってしまう。どうすれば捨てられる？　亡くなった母の着物の処分にも困っています。

（五十四歳・パート／アルバイト・愛知県）

読者のみなさんの中にもきっといるはず、昭和に買った服をまだ持っている方が。いま、令和でしょう？　とすると、昭和はなんとふた時代前。昭和時代に明治時代の服を着ていたのと同じことになる！　そのぐらい**昔の時間を生きているってことになっちゃうんです。**

古い服を着ること、物を大切に長く使うことはいいことかもしれませんが、昔の服はリスクがあります。それは**過去に引っ張られるということ**。昔とは時代も気候も変わっているのに。しかも服を着る私たち本人も変わっていますよね？　貫禄《かんろく》がついてしまった顔や身体《からだ》とか。時代も自分も変わっています。

それに、新しい時代に新しい服を着るチャンスを犠牲にしてまで、古い服をわざわざ着ることもないのでは。外に着ていきたくない服を部屋着にするのも問題！　気分が乗らない服は家で着ていてもいいことなんかありません。部屋着はユニクロやＧＵにかわいいのがいっぱいありますよ。

日本人の寿命が長くなった今、これから何年生きるかはわかりませんし、来年再来年、自分や世間がどうなっているかもわかりません。服は「何年着られるか」じゃなくて**「今」似合うものを選んでくださいね。**

トレンドの服っていうのは、その時代の空気をパッケージしてあるもの。なので**「一生もの」じゃなくて「一瞬もの」なんです。**かくいう私も、昔、ずっと着られると思って買ったカシミヤのコートがあるんだけど、それが着ると重くて！　今、冬はダウンしか着ていません（苦笑）。こんな「未来がこない服」もありますので。

お母さまの着物も同じこと。私も四十歳のときに母を亡くして、着物がタンスにいっぱいありましたが、お直しするのは大変だしお金もかかるから、大島紬《おおしまつむぎ》だけひとつ残してあとは処分しました。

着物も洋服も、古くなったらリサイクルに出すか売るか。誰かが着てくれたほうが、きっとお母さまも喜ぶはず。

とはいえ、スタイリストという仕事をしている私ではありますが、本当は「服なんて何を着たって暑さ寒さがしのげればいい」と思っている一面も。そういう考え方だってもちろんアリだと思います。

たとえ服が古くなっても、好きで、今の気持ちを上げてくれるなら着続けるべき。新しいのを買わなきゃいいってことです。それは男選びと一緒！（笑）

最後に一言。

あなたは、あなたのこれからの人生で今が一番若いんです。今似合う服、今の時代の服を逃がさないで！

ブランドバッグってもう古い？

ブランドバッグってもう古いんでしょうか？　ファストファッションが流行《はや》っていますが、それにはカチッとしたブランドバッグは合わせにくく、また、高級品を持っていると余計おばさんに見えそうです。昔買ったブランドバッグは今もお気に入りなので、使いたいのですが、なんとなく尻込みしてしまいます。地曳さんはどうお考えですか？

（四十一歳・会社員・大阪府）

私はスタイリストという仕事柄、たくさんのブランドバッグを持っていて、日々とっかえひっかえしている……ように思われがちなのですが、そんなことは決してなく、半年、長ければ一年、ほとんどずっと、同じバッグを使うことも。**ブランドかどうか**

にはこだわらず、とにかく気に入ったものを持つ主義。たとえば去年の夏なんかは、かごバッグにハマり、夏の間ずーっと使って、それでやっと気が済んだんですよね。

安いバッグも大好きです、旬の「瞬発力」を楽しめるので。

今ハマっているのは、アニヤ・ハインドマーチ（Anya Hindmarch）の黒のハンドバッグ。カチッとした小ぶりのバッグながらクロスボディにできるストラップも付いていて、カジュアルスタイルを格上げしてくれますが、決してウルトララグジュアリーな値段のものではありません。

今までの私の人生で、登場回数の多いブランドバッグといえば、まずは高校生の時から愛用中のルイ・ヴィトン（Louis Vuitton）のモノグラムのスピーディ。そして、ハンドルがちぎれるくらい使い倒したゴヤール（GOYARD）のトートですね。あとは母から譲り受けたシャネル（CHANEL）のマトラッセ。年齢が年齢なんで、軽いバッグは私の体力のなさにマッチしてくれます（笑）。

ブランドバッグって、お値段が高ければ高いほどパワーが強い気がします。持っていると、自分という人間にもパワーが与えられる気がして、それを求めているところがありますね、私は。**独特の魅力と魔力を感じるんです。**ただ、昔よりも全体的にとってもお高くなっているのでなかなか買いづらいけれど……。

バッグって、**「気持ちを上げてくれる」もの。**高いからこそ気持ちが上がることもありますし、それがブランドバッグの価値のひとつでもある。でも、高くても安くても、今の自分の気持ちが上がるものならOK。自分の気持ちがいちばんのポイントです。新しい、古いも関係ありません。**「上がる魔法」**がいまでも残っているなら、古いものでも使うべきです。

流行というものがあるので、「このブランドはいま大丈夫だろうか？」と不安に思うこと、ありますよね。でも、自分が気に入っているのなら使っていいと私は思うのです。

ファストファッションの服に合わせて気分を上げてくれるのならぜひ、お気に入りブランドバッグを復活させてあげてくださいね。

逆にもし、他人の目が気になって、上がる気持ちよりもそっちが勝っちゃうならやめましょう。

好きだったらずっと持つ！　それは男と一緒（あ、前もこんなことを書いた気が。笑）。

身長が百四十六センチしかない私。バランスのいいスタイリングをするには？

身長が百四十六センチしかありません。若い頃はミニスカートとハイヒールでなんとかバランスを取っていましたが、五十歳を過ぎてミニスカートを穿くのは抵抗があり、ハイヒールも痛くて履けません。どうすれば、バランスのいいスタイリングができるのでしょうか？

（五十歳・会社員・東京都）

昔はロングアンドリーン（長い&細い）がもてはやされていましたけど、今は「美しさ」の基準が変わってきています。まずそれを念頭に置いてくださいね。

バランスのいい
スタイリングとは…
ワー
このワンピース
いいな～
身長146cm

肝心なのは、**背が高い人と同じスタイリングをしようと思わないこと。**これはトークショーなどでもよくお話ししているんですが、**百号の大きなキャンバスに絵を描くのと、ハガキサイズのキャンバスに絵を描くのでは、モチーフの大きさも使う色数も違ってきます。**小柄な人が大柄な人と同じようにすれば、バランスが悪く見えるのもあたりまえ！　**小柄な人って全部が小さいから、それはそれでバランスが取れていると思うんですよね。**だから、**自信を持って自分サイズのおしゃれをしましょう。**

インスタとかのハッシュタグで「#低身長コーデ」と検索すると、いろいろな写真が出てきて参考になりますよ。その中から自分と同じような年齢、雰囲気の人を見つけて、色使いやシルエットのメリハリのつけ方などを真似《まね》してみてはいかがでしょう？

ギャップ（GAP）やザラ（ZARA）など、カジュアルブランドのティーンコーナーで服を買うのもおすすめです。「えっ、子ども服!?」って思うかもしれませんが、今のティーン服って昔みたいに子どもっぽいデザインじゃなくて、大人物を全体的にバランスよくサイズを小さくしただけのものがあります。そして価格も安い！　大人サイズを買うとお直しが大変だけど、ティーン服ならお直しもしなくて済むかもしれません。

ハイヒールだって痛いのを我慢してまで履かなくていいと思います。それにここ数年は空前のスニーカーブーム。歩きやすくて脚長に見える厚底スニーカーも売っているので、そういうのを探すのも手です。ただ、ブランドによっては一万円以上するので、パンプスを買うつもりで投資しましょう！

骨太で体型がゴツいのが悩み。どんなタイプの洋服を選べばいい？

骨太で体型がゴツいのが悩み。何を着ても似合わない気がします。どういったタイプの洋服を選べばよいでしょうか。

（五十二歳・会社員・千葉県）

私も肩幅が広いので骨格にはコンプレックスがあります。だけど、**骨が太いというのはもう個性として生きるしかない！**　どれだけ願ったって黒田知永子《くろだちえこ》さんと同じ骨格にはなれないんです（笑）。

「何を着ても似合わない」というのは、自分軸からズレちゃうと起こります。まずは、自分が着てマシに見えるところから始めること。

服選びとしては、**テロンとしたとろみ素材のものは避けたほうがいいですね。ごつい人が着ちゃうと骨の形を拾っちゃうんです。**着物のハンガーに掛けているみたいな(笑)。**私のおすすめのブランドは、コグ ザ ビッグスモーク(COGTHEBIGSMOKE)。**生地がちょうどいい具合にしっかりしていて肉感や骨を拾わないので体のラインがバレません。

もし華奢《きゃしゃ》に見せたいという気持ちで**細いネックレスや、細い指輪を着けているならそれらも避けたほうがいいです。**余計に骨の太さを強調しちゃいます。**花柄とかちっちゃい模様がたくさん入った洋服も避けましょう。**あなたがすごく好きならいいんだけど、そうじゃないなら、**細い、ちっちゃいは危険!**

あとは開き直るしかありません(笑)。私たちは骨が丈夫ってことですよ! それに、自分が気にするほど、他人はなんとも思ってないもの。

もう「ロングアンドリーン」、細くて長い人だけが美しいとされる時代ではないんです。みんな真面目だから昔のファッションルールに囚《とら》われて悩んでしまうけれど、今は個の時代。「着心地がいい」「気分がよくなる」といった**自分ファーストで、体型がマシに見えるものを選んでいきましょう。**

マスク生活でメイクをするのが億劫《おっくう》に……。これが定着しそうで怖い

マスク生活で出かけるのが億劫になって、毎日メイクしていたのが、犬の散歩くらいならもういいか、とメイクをしなくなりました。歳を重ねると、ますますこれが定着しそうで怖いです。

（四十四歳・専業主婦・京都府）

マスクをしていると高地トレーニングしてるみたいに酸素量が少ないし、顔の筋肉も衰えがちだし、犬の散歩ぐらいはもういいかって思っちゃう気持ち、わかります。私もこのところまったく同じ状態でした。

つい先日、ひさびさに〝ナウい〟ブランドのファッションプレスに何軒か仕事で行ったんですけど、夕方五時頃、パッとプレスルームの鏡を見たら、私、メイクしていなかったんです。え……私、この顔で一日笑ってたの？　この顔で「やっぱりこっちの色のほうが気持ちが上がりますよね〜」とか偉そうなこと言ってたわけ!?　と愕然《がくぜん》としたので、はっきり言ってあなた以上に重症です（笑）。

でもその後、別件の打ち合わせのあった日に強めにアイラインを引いて行ったら、「すごく綺麗《きれい》」ってほめられて。やっぱりほめられたほうが自分に自信も持てるし、気持ちいい。**メイクは人のためならず、です。**

しかも、今はマスクをしているから目元だけやればいいんですから。チークもリップもいらない、せいぜいリップクリームぐらいつけておけばいい。目元にちょっとアイライン引くだけで済むなんて、フルメイクしていたことを考えたらなんて簡単なの！　って思いません？

ですから、出かけるときはとりあえず眉を描いて、アイラインを引いてマスカラつける、ぐらいはしときましょう。そのほうが、パッと鏡を見たときの「オイル（老いる）ショック」（ｂｙみうらじゅん）にも襲われずに済みますからね。

Ｚｏｏｍ会議の背景や服、どうすれば？

リモート会議のときの、Ｚｏｏｍの背景や服装に、ひそかに悩んでいます。背景を頑張りすぎるのも恥ずかしいけど、家を片付けるのも面倒。服は、部屋着じゃダメだろうし……。どんな背景や服ならいいのでしょう。アドバイスをお願いします。

（四十九歳・会社員・東京都）

私は今、ｉＰａｄ、ＰＣ、スマホの三刀流でＺｏｏｍを使っています。この年齢にしてはデジタルに強いはずだったんですが、背景をうまく設定できるときとできないときがあって、混乱気味。

それで私の場合、なぜかｉＰａｄがいちばん顔のアラが目立つ！　カメラの性能がいいんでしょうか……。

いろいろと試行錯誤したところ、まず、**カメラの位置と角度が大切だと気づきました。**Ｚｏｏｍを使うデバイスを普通に机の上に置くと、どうしても顔を下からあおるような角度になってしまって、顔の下半分がすごく大きく映ってブスになる！　だから、目線をカメラの高さと同じにすることを心がけています。**カメラ部分と自分との角度も大事です。ちょっとした調整で、「Ｚｏｏｍブス」を避けられますよ！**

さて、背景ですね、わかります。家、片付けるのが面倒ですよね。面倒なので、私は部屋に「Ｚｏｏｍ会議コーナー」を作りました。白い壁に、さりげなく絵を飾って、そこだけは綺麗にしておく。カメラに映らない位置には本が山積みですが。

わざわざスペースを作るのも……という場合は、バーチャル背景を設定できるＰＣであれば、「部屋を一瞬綺麗にして、さくっと撮っておいて、常時それを背景として

使う」というのはどうでしょう。**「自宅のバーチャル背景」、名案では？（笑）**

自然光が入り込む時間帯に、シンプルな空間で撮ると素敵な背景になるはず。顔色もよく映えると思います。

そこまでせずとも、Ｚｏｏｍにはデフォルトで背景が何パターンか入っていますからね。選ぶなら、グリーンの草の画像とか、サンフランシスコの橋の画像とかでしょうか。無難でシンプルだからです。

そう、いずれにしてもシンプルなのがいいと思うんです。たとえば大人数でＺｏｏｍ

会議をするときに、華やかな背景だと、うるさくガチャガチャ見えませんか？　リゾートなんかの浮かれた画像を背景にすると、自分はいいかもしれないけれど、凝った感じが顰蹙《ひんしゅく》を買ったり、会議のムードを損なったりしてしまうかも。**シンプルにして、周りにも配慮したほうがいいのかもしれませんね。**

自分のオリジナリティを出すのは、会議じゃなくてZoom飲みの背景で！　私はちょっとふざけてサンダーバード（古い！）の「パパ！」の司令室を背景に設定しています。サンダーバードはリモート会議の元祖ですからね。サンダーバードがわからない若い方はググってくださいね。飲み会なら、ハメを外してパーティメイクをするのもアリ。**リモート生活でもオンとオフの切り替え、大切です。**

そして服ですね。あくまでも会議なので、伸びきったトレーナーとかではなく、なるべくきりっと見えるものを。

白い服で顔色をよく見せる、というテクニックがありますが、Zoomだと、白い服のほうがフォーカスされて顔が沈んで見えがち。きりっとした濃紺の服なんかがいいですね。白い服はあまりおすすめできませんが、テーブルや膝の上に白い紙やハンカチを置くと、ほどよくレフ板効果があって顔も明るく見えますよ。

メイクも大事。Ｚｏｏｍだと顔がぼんやり見えがちですから、眉をしっかり描いて、シェーディングの技を使うといい感じに仕上がります。全体的にいつもより少し濃い目でＯＫです。

自宅でも、オフモードからお仕事モードへの切り替え。**服とメイクで気合いを入れてみましょう。**「お仕事スイッチを入れる」という基準で服やメイクを選ぶのって、結構楽しいですよ。私は来週、モード雑誌の取材をリモートで受けることになっているのですが、そのときに何を着よう？　って今からワクワクしていたりします。

どうすれば自分にピッタリの美容院を見つけられる？

いろいろな美容院に行っていますが、なかなかお気に入りのお店が見つかりません。どうすれば自分にピッタリの美容院を見つけることができますか？

（四十六歳・専業主婦）

気に入った美容院を見つけるのってすごく難しいですよね。それでも、探究心を持っていろいろな美容院を探してるというのは、素敵なことです。

そんなあなたに！　**自分にピッタリ合う、いい美容院を見つける方法があるんです。**

その名も「友だち大作戦」！

あなたの周りに、髪質や量、クセの感じがだいたい似ていて、かわいい髪型をキープされている方はいませんか？　すぐには思い浮かばないかもしれませんが、よく思い出してみると、一人くらいは見つかるのではないでしょうか（職場仲間とかママ友とか、なんなら友だちの友だち、知り合い、くらいのレベルの人でも！　笑）。

その人に思い切って**「どちらの美容院にいらっしゃっていますか？」って聞いちゃいましょう。**そういった生の情報はネットの口コミよりも確実です。**担当の美容師さんの名前も必ず聞いてくださいね。美容院選びと美容師さん選びはセットですから。**指名料を払ってでも同じ美容師さんに担当してもらいましょう。

それと……**もしかしたら美容院に何を求めているのかわからなくなっちゃっているのかもしれません。**

「忙しくて三カ月に一回くらいしか通えないから、ケアが簡単な髪型にしてくれるところ」がいいのか、逆に頻繁に通える方なら「自分ではスタイリングできないけど、とびきりかわいくしてくれるところ」がいいのか。「とにかくイケメンの美容師さんがわんさかいるところに行きたい！」っていうことだってありますよね（笑）。

こうやって**自分にとって何がいちばん重要なのかクリアにしておくと、さらに絞りやすくなります。**

ちなみにいま私が通っている美容院は、髪型をリクエストしてもその通りにはほとんどしてもらえません（笑）。でもそれでもいいんです。私がほとんどケアしないのを知っているから。**ヘアクリームを塗るくらいでまとまる、手入れいらずの髪型にしてくれて素敵に見えることがいまの私にとっては重要なんです。**

カミングアウトすると、五十歳過ぎたあたり、すごく忙しかったときに千円カットに通っていた時期がありました。意外ですか？（笑）凝った注文さえしなければ、上手に切ってくれるんですよ。**そのときの私には「安い」「早い」が重要だったんです。**

そのときどきの、自分の要求によっても合う美容院が変わってくるので、**まずは目**

的意識をもって、あとはトライ&エラー！　とにかくいろいろな美容院に行って試しまくる。なんか違うなと思っても髪はすぐに伸びてきますから。ダメだったら前に通っていた美容院に戻ればいいんです。

美容院は、浮気して帰ってきても許してくれる優しい男みたいなものですから。

無難な色の組み合わせしか思いつかない……。どうすれば、イタくなく〝大人ピンク〟が取り入れられる？

無難な色（ネイビー、ベージュ、白、グレー）の組み合わせしか思いつきません。ピンクに挑戦したい気持ちもありますが、どうやって使えばいいのかわかりません。イタくなく、上手にコーデに取り入れる方法を教えてください。（五十三歳・専業主婦・北海道）

お尋ねしますが、あなたはどんなピンクが好きですか？

一口に「ピンク」と言っても、淡いピンクとかラベンダーがかったピンクとか、いろいろなピンクがありますから、**その中から自分の好きなピンク、仲良くできるピンクを見つけるのは結構大変！**　ピンク探しの旅は、本当にピンクを好きな気持ちがないと大変だと思います。

あなたがピンクにトライしたいなら、まず、**お財布やバッグなど小さいものからピンクにしてみましょう**。持った瞬間に「印象が華やぐ」とか「気分が上がる」とか、そうやって自分と相性のいいピンクを探していくんです。

最初から思い切ってピンクのブラウスを一着買っちゃうのもいいんですけど、なかなかね。勇気がいりますよね。それでも昔よりは大きく失敗することはないと思いますよ。なぜなら、**私たちは髪が真っ黒じゃなくなってきているから（笑）**。白髪染めをしていても、真っ黒じゃなくて少し明るめの髪にしている人が多いでしょ。

だから若い頃よりピンクとの相性がよくなっています。ですが、**はじめは小さいものから始めることをおすすめします。それから徐々にストールなど大きいものに挑戦していきましょう**。

いちばん手っ取り早いのは、ネイルから挑戦することです。なぜなら、手元って一日中目に入りますし、いちばん肌に近いからピンクとの相性がすぐわかるんです。

ウカ（uka）のネイルはいろいろなピンクを出していますのでおすすめです。

「自分で探すのは面倒くさい！」っていう人は、一回ネイルサロンに行ってネイリストさんに相談してみましょう。肌が白いとか日に焼けているとかも関係あるかもしれませんが、**自分に合うピンク、合わないピンクというのがあるもの。**ネイリストさんの意見を聞きながら、試しに塗ってもらったり、チップをあてでもらったりしていくと、**あ、私にはこういうピンクが似合うんだ、というのが見えてきます。**もし、派手すぎたピンクだと思っても、ネイルはすぐにオフできますから。

繰り返しますが、まずは自分が好きなピンク、自分の肌が綺麗に見えるピンクを探しましょう！　そこから入ってください。それから大きいものに挑戦する。ちっちゃいところから侵食させていく感じです（笑）。

それがイタくない〝大人ピンク〟を取り入れるコツです。

白髪染めはしたくないけど、グレーヘアにする勇気もない

白髪染めはしたくないけれどグレーヘアにする勇気もない。痩せたいけれど明日死ぬかもしれないし、「まあ食べておこう」。こんな感じでとにかく中途半端な自分が大嫌いで、心が落ち込む毎日です。

（五十六歳・自営業・千葉県）

実は私も、ふたご座の性格のせいか、両極端な希望とか気持ちがいつも自分の中にあって。仕事のことはすごく早く決められるんだけど、自分のことは決められないんです。……私って、お金にならないと物事を決められないのかしらね（笑）。でもそんな自分でも六十三年も生きてきたので、もう開き直りました。**「そう、私は中途半

端です！　中途半端の何が悪いの？」って。

いいじゃないですか、中途半端。**そんなに白黒、決めなくてもいいんですよ。**性格的に決めたい人は決めればいいし、いま決められない人は決めなくたっていい。私もね、ちょっとのあいだグレーヘアにしたことがあるんですけど、あまりに電車で席を譲られるので（笑）、ちょっとダークめな髪色に変えました。

痩せたいけど明日死ぬかもしれないから食べちゃう？　**食べたかったら食べればいいんです。**先日私も、健康診断で医者から「食べすぎ注意報」を出されたんです。で、二カ月ぐらいキャベツばっかり食べて青虫のような生活を送ってみたら、血糖値も血圧もかなり下がりました。実際、このままだとヤバい！　健康を害するからどうしてもやらなきゃ、という気になれば踏ん切りがつきます。だからそれぐらいのことがなければ、中途半端な自分でいいんです。

きっとあなたは、周りに中途半端じゃない人がいるから比較して、ご自分のことを嫌いになっているんだと思います。でも、**人は人、自分は自分。**そのキチンとして見える人たちだって、実際は中途半端な気持ちを抱えて生きているかもしれません。私たちの世代って、こうでなければならない、○○であるべき……と思っている人が多いんですけど、そもそもそこが不幸の始まりです。

今は風の時代。古い価値観とか生き方にしばられる時代は終わったんです。むしろ**これからは胸を張って、中途半端でいきましょう！**

ワンピースを着たい。おばさん体型でも着られるものは？

ワンピースを着たいです。出産と加齢でおばさん体型になり、おなかがぽっこり出ています。ウエストマークのシャツワンピは見苦しく、ゆったりしたワンピは妊婦のように見えます。若作りではなく、大人女子が着てもＯＫなワンピースの選び方を教えてほしいです。

（四十歳・会社員・東京都）

ワンピースって、似合えば一枚で決まるからいいですよね。

着物を着ていた日本人にワンピースが似合わないはずがないので、ドンドン着ていってください。

ただ、選び方にはコツがあります。まず、**「ワンピースが似合っていた昔の自分」基準を捨てること！** ウエストマークのシャツワンピがキマるのは二十代、三十代までが限界です。歳を取るとくびれがなくなっちゃうから（笑）。もうこれは仕方ありません。

大人のワンピース選びの基準は、生地の質感とシルエットとサイズ感です。 ゆったり系ワンピでもエブール（ebure）とか大人向けのブランドで、生地がちょうどいい具合にしっかりしていて身体の肉感を拾わないものを選べば妊婦のようには見えません。うまく体型が隠せるんです。これは以前に骨格でお悩みの方にお答えしたのと同じですね。

若い人向けのブランドで買うのはあまりおすすめしません。 若い人向けの服は同じデザインでも、バストの切り替えの位置が違うんです。大人向けの服はバストの切り替えが一、二センチ下に作られています。肉が下がってくるのを考慮して（笑）。若い人向けは生地がペラペラなものも多いですよね。**これでは、ヤバい下腹部問題もさらされまくりです。**

サイズ選びについては、自著でも何度も書いていますが、**必ず試着して確かめてくださいね。**自分が普段はMサイズだったとしてもLサイズを着たり、逆にSサイズにしたり。同じデザインでもひとつ大きくして成功することもあれば、あえて小さくすることで成功することもあるので。

ビッグシルエットの流行がまだ終わっていなくて本当に有難いですよね（笑）。タ

イトなシルエットが流行っていた頃の、**リトルブラックドレスを今私が着たらもう地獄絵図ですよ（笑）**。レッドカーペットでも歩かない限り、タイトなワンピースを着なくて済むこの時代に感謝です。

話は戻りますが、着物って帯とか襟でアレンジするでしょう？　それと同じように**ワンピースもスカーフを巻くとかネックレスをするとか、付属品をちょっとトッピングすると同じワンピースでも全然違って見えてきますよ**。さらに痩せて見せたかったらロングカーディガンを重ね着しましょう。そうすると、縦線が強調されてスラっと見えます。

髪型がワンパターン。簡単にアレンジできる方法は？

髪型がワンパターンで、いつも同じような雰囲気になってしまいます。ヘアアクセを使ったりして、TPOに合わせて簡単にアレンジできる方法を知りたいです。

（四十七歳・専業主婦・埼玉県）

芸能人とかモデルさんはヘアメイクさんがついているから毎回変えてもらえるけど、普通は無理ですよね。

いろいろなアレンジにトライする前に、**今の自分にピッタリなバランスのベースになるヘアカットを探しましょう。アレンジ云々《うんぬん》はその後です。**

今の髪型に不満なら、思い切って美容室を変えてみても。**美容室が同じうちは髪型もワンパターンになりがちですから、一番手っ取り早いのは美容室を変えることです。**

ヘアアクセは、シュシュとかバレッタとかいろいろありますけど、プラザ(PLAZA)とかザラ(ZARA)、H&Mに行けば安くていいものが豊富に揃《そろ》っているので、二、三千円持って「かわいい!」と思ったものを片っ端から買っていく! それを美容室に持って行って「これを使ってアレンジしてください」って言えば、あなたに合った使い方を教えてくれます。

私にはあなたの生活スタイルがわかりませんが、美容師さんはお客さんの生活スタイルや髪質を把握しているから、あなたにできる髪型とできない髪型を考えてくれます。

TPOに合わせてアレンジしたいのだったら、きちんと自分のTPOを伝えるのも忘れずに! 「女友だちとお出かけするとき」とか、お子さんがいらっしゃるなら「保護者会」「ママ友会」向けとか。

私の場合、毛量がすっごく多いのでバレッタはすぐ壊れるし、ゴムも大袈裟《おおげさ》ではなくて三日で切れるので基本的にあまりヘアアクセは使えません。なので、二、三日で落ちるカラートリートメントで白髪部分を緑にしたり、先月久々に前髪を作ってビリー・アイリッシュ風にしてみたので、前髪を上げたり、分け目をつけて横に流したりと、かなりアレンジして遊んでいます。

これはまた別の考え方ですが、**髪型がいつも同じなのは悪いことではないと思いますよ。人に覚えてもらいやすくなったり、相手に安心感を与えたり。**米国版「VOGUE」編集長のアナ・ウィンターも四十年以上もボブヘアです。ただ、その間にもヘアカラーを変えたり、ハイライトを入れたりして微妙に変えている。**同じようにあなたもすでに自分に馴染《なじ》んだ髪型をアップデートしていくという手も考えてみてください。**

同じ髪型で悩めるうちが華ですよ！　五十歳も過ぎれば、髪質は変わるし、量も減るし、白髪だって増える。同じ髪型にしようとしても出来なくなるんですよ（笑）。たまに、若い頃と同じような八〇年代風の髪型をしているおばさまを見かけますけど、あれは逆毛を立てたり、巻いたりしてすごく時間をかけていますからね。

WORRIES ABOUT WORK

高圧的な上司の態度や発言に手が震える。対処法は？

高圧的な上司の態度や発言に手が震えます。いい対処法はありますでしょうか？

（五十一歳・会社員・埼玉県）

ご心労お察しします。手が震えるってよっぽどの恐怖を感じているんだと思います。そういうストレスって胃や腸にもくるから心配です。

できることなら部署を変えてもらうとか転職するとかしたほうがいいけど、残念ながら**どこに行っても高圧的な人って一定数いますからね。**

そもそも、なぜ高圧的な人を「怖い」って思うかわかりますか？　**それはあなたが**

弱いわけではなくて、人間は理解の範疇《はんちゅう》を超えた、得体の知れないものは本能的に「怖い」って思うんですよ。「何をしでかすかわからないヤバい奴《やつ》」っていうのは純粋に怖い。電車に乗っているときに不審者がいたら怖いのと同じです。

電車だったら車両を変えちゃえばいいだけだけど、職場ではそうもいかないから**……そういう厄介な人はね、避けられなければ、もう神様だと思っちゃいましょう！（笑）**

首塚が有名な平将門《たいらのまさかど》とか、菅原道真《すがわらのみちざね》とか、日本では古くから祟《たた》りがあったりして厄介な人っていうのは、逆に神様にして祀《まつ》っちゃうという風習があるんです。

何を言われても神様からの有難いお言葉だと思うようにして（笑）、**「ご指摘恐れ入ります！」「ありがとうございます！」と食い気味にガンガン返してあげましょう。**

普通に考えれば、「上司」って時点ですでにアドバンテージがあるわけで、別にわざわざ部下に圧をかけなくてもいいんですよ。それでも高圧的な態度を取るってことは、向こうは「認められたい」っていう自己承認欲求でやっている。**周りに高圧的な態度を取ることでアイデンティティを確立しているんです。**自分を守るための鎧《よろい》なんでしょうね。もうカブトガニと一緒ですよ（笑）。

だから、**それを逆手に取って満足させてあげればいいんです。**そうしたら、相手は「勉強になっているんだな」「指導してやっているんだな」って勝手に気持ちよくなって収まるから（笑）。

「小さい犬ほどよく吠《ほ》える」とか思っていても、絶対に態度に出しちゃダメですよ！何度も言いますけど、相手は神様だから（笑）、**不遜な態度を見せたら烈火の如《ごと》く怒り出して、もっとひどい災いごとに巻き込まれちゃいます。敬虔《けいけん》な気持ちで崇《あが》め奉りながら、一定の距離を取り続けましょう（笑）。**

若い頃、よく女性誌でお仕事をさせていただいていましたが、みんな「高圧的」だけで生きているみたいな時代でしたから、私もよく怒られましたよ。ダメ出ししかしない人もいて、何をやっても怒られる。だから、**下手に口答えせずに「はい！　勉強になります！」って返すようにしていました。**心の中では「この人、趣味悪〜い」なんて思ったりしていても（笑）。

……と言っても私も生意気だったんで、あまりにもムカついたらタクシーで帰っちゃったりしてたけど。「あな

たじゃなくても、この仕事をしたい人は何人もいるんだから！」って言われても「では、ぜひその方に！」って満面の笑みで言い返して（笑）。

厄介な人は、日本古来のやり方に倣って神様扱いして崇めちゃう！（本当は馬鹿にしてるけど。笑）

それでも辛《つら》かったら身体を壊す前に辞める勇気も大切だと思います。

年下の上司との関係について悩んでいる

（五十一歳・会社員・大阪府）

すみません。

私、昔から「仕事」と「年齢」は関係ないって思っているので、はじめにお悩みを拝見したときに、正直何に悩んでいるのかわからなかったんです。恋愛相談？　とも思っちゃって。

だから、担当編集者に「これってどういう意味？」って聞いたら「年齢は自分のほうが上なのに、年下の人間が上司で、そのチグハグな上下関係にお悩みなんだと思います」と言われたので、そのつもりでお答えしますね（的外れだったら私の担当のせいで！　笑）。

まず、年齢の上下と、役職の上下はまったく別のものなので、分けて考えましょう。

昔は年功序列だったから何年か勤めていたらエスカレーター式に出世できて、年齢の上下と役職の上下がほぼ一致していたけど、**今はもう能力主義だから役職に年齢は関係ありません。**

上司っていうのはあくまで司令塔であって、部下を管轄する人です。そこに年齢は関係ありません。上司というロール（役）を担っているだけで、別にあなたの人生の上司でもなんでもないんです。逆に、仕事上では、**あなたはその上司の部下なわけですから、部下というロールを担えばいいだけのこと。**

私なんてもうこの年齢になったら編集者、カメラマン、ヘアメイクなど、現場スタッフの中で常に最年長者ですよ。同年代の会社員だった友人たちは、もう定年退職していますからね。

会社員の役職の上下とは少し違うかもしれませんが、「年下の上司」なんて私にとってはデフォです（笑）。

現場では自分の意見を言うときもあるけれど、誰の指示に従うかはその場その場によって違うので、咄嗟《とっさ》の判断です。そこに年齢はまったく関係ありません。


人間、二十歳を過ぎると経験とかでいろいろ差が出てくると思うんですよ。あなたの上司はたまたま仕事の分野において「上司」と認められることをしたから、その地位に就かれただけなので、**仕事もプライベートもすべてを一緒くたに考えてはいけません。仕事は仕事！　仕事の環境に年齢を持ち込まない！**　それが二十一世紀です。

あと、たまに「年下のくせに生意気だ！」なんて言う人もいますけど、今の時代においてそれは立派なエイジズム（年齢差別）です。仕事は年齢ではなく、あくまで仕事の能力があるかないかだけですから。

職場の若い人たちから気を遣われずに接してもらうコツは？

ババアが職場の若い人たちから気を遣われずに接してもらうコツを知りたいです。

（四十九歳・パート／アルバイト・宮城県）

まず、私たち世代が自覚しなきゃいけないことがあります。昔の先輩たちは私たちにいろいろアドバイスをしてくれましたが、**今の時代に若い子に同じことをすると、それが余計なお世話になるかもってことを。**

スマホやＰＣが普及して、自分で調べることができる世の中だから、若い子だって知識が豊富。私なんかは逆に教えられることが多いんです。「こうやったら資料共有できるし、画像添付もできますよー」なんて。仕事のやり方もすごい勢いでアップデート中だし。

私たちは、ただ単に彼らよりちょっと長く生きているだけですからね。お互い知っていることをうまく情報交換すればいいんです。若い子には若い子の感性があるし、ババアは経験をもとに若い子をフォローしてあげられる。**お互いのいいところを生かしてリスペクト！　これにつきますね。**

若い子が何をいちばん嫌がるかって、それは「説教」。私たちは親切心で教えているつもりなんだけど、それが説教に聞こえて、マウンティングされているように感じるみたい。その気はなくても気を付けましょう。具体的に言うと、「私の若かった頃はね」から始まる昔話は絶対に嫌われるからやめてくださいね。「老害」になっちゃいますよ、知らないうちに。

若い子の中で、自分だけ浮いているんじゃないか……と思うことがあるかもしれませんが、**ババアなんだからそりゃ浮きますよ。**

Netflixとか、新しいメディアに触れて、流行りのドラマを観《み》たりすると、若い子と共通の話題ができるかもしれない。でも、あくまで無理は禁物です。若い子と同じ音楽を……までいくと、無理しているのがバレてダサいかもしれません。

実際、私はビリー・アイリッシュの歌詞のカッコよさは理解できないし、7ORDERのメンバーの顔や名前はき

っと一生覚えられません。とにかく無理はしないこと。私たちはふた昔も前の人間なんですから、無理に若い子の輪に入っていかなくていいんです。参加しないで生暖かく見守って(笑)。

結局、仕事なんだから、若い子に好かれなくてもいい、嫌われなければいいんです。嫌われないコツは、プライバシーの領域に土足で入らないこと。今の時代、住所だって個人情報ですし、女の子でも彼氏じゃなくて彼女がいて、それで人には言いたくないパターンだってありますからね。昔とはコミュニケーションが変わったんです。心しましょうね！

最後にご質問に戻りますが、そもそも「気を遣われる」って実はリスペクトされているということなので、いい面もありますよね。

とはいえ、あまり気を遣われたくないときは、おちゃらけながら「敬語やめてくれる？」って言えば、「すみません（笑）」ってほどよいリスペクト感でつきあってもらえます。椅子をすすめられたら「なにババア扱いしてんのよ」と笑いながら言う。私なんて「ありがとう、ちょうど疲れちゃってたのよ」と座ることもありますけどね！（笑）

仕事とプライベートの切り替えがうまくできない

つい仕事を持ち帰ったり、夜になっても仕事関係のことをあれこれと考えてしまいます。仕事とプライベートをうまく切り替えられるようになりたいのですが、どうしたらいいでしょうか。

（三十九歳・会社員・神奈川県）

いろいろな働き方ができるようになった反面、オンとオフの切り替えがうまくできなくなったという方が多いようですね。

私も昔は「二十四時間戦えますか」じゃないけど、毎日夜遅くまで仕事をしていました。だけど、四十年以上働いてみてわかったのは、**やっぱり夜に仕事するより次の日に早く起きてやったほうが能率的だということです。**夜に悩んだり、じたばたしたところでどうにもならないことのほうが多いし、作業だってミスが増えます。

夜って自分で思っているより心も身体も疲れているんです。だから、あなたはこれから四十代、五十代になっていくにあたって、**明日でもいいことは思い切って明日にまわして、自分の電源を落とす方法を考えたほうがいいです。**

私はね、お酒を飲みに行っちゃいます（笑）。飲んだ時点で「今日の私、おーしまい！」ってなる。

お酒を飲まない方だったらハーブティーでもいいし、ジムに寄って身体を動かしたり、スーパー銭湯でゆっくりお風呂に入ったりするのもいいですね。リモートワークで家から一歩も出ない日ならNetflixでドラマを三話分くらい一気見して架空のロマンス世界に浸るとか。**仕事とプライベートの間に、なにかひとつ没頭できるものを挟むとうまくオフれますよ。**

自分に合ったオフにする方法が見つかったら、次はオンにする方法を意識するのが

大切！

私の場合は、「ベッドから出たくない……」と思うような日でも、目覚ましを三つくらいかけて無理矢理起きて、すぐにシャワーを浴びる。ベランダで深呼吸をして、飼っているメダカに餌をやって、植物に水をやる。そのあとに大好きなアールグレイの紅茶をいただきます。そうすると頭と身体がそろそろ仕事始めますか〜っていうモードになるんです。

朝から意識的に自分を立ち上げれば、夜は「今日に悔いなし！」という気持

ちで清々《すがすが》しく電源を落とせます。なので、きちんとオフするには、きちんとオンにするところから!

ちなみに……結構厄介なのがメール対応。スマホの普及で時間に関係なくメールが来るようになりました。だから、私は家から出ない日でも時間で区切っていて、二十二時以降のメールは絶対に見ません。本当に緊急なときは電話がきますからね。十九〜二十二時くらいはグレーゾーンにしています。「あ〜(面倒くさい……)」と思いながら、短く返すか、潔く無視(笑)。そこでバリバリ返しちゃうと交感神経が優位になって生活リズムが崩れる原因になるので、この「あ〜」と思いながら返すのがポイントです。

だいたい、夜中に「いますぐ」系の仕事を強要してくるやつは、他にも問題を抱えていることが多いので、もし対応が遅れただけで怒られたら、私だったら縁を切っちゃうかも(笑)。

同僚の理不尽な意地悪に耐えられない

同年代の同僚の理不尽な意地悪に耐えられず、職場でのストレスが積もりに積もった毎日です。自分の考え方や対応次第で改善できるとわかっているけど、どうしようもない。見た目はババアになっても精神的に大人になれていない私。情けないです。

（四十七歳・会社員・山口県）

意地悪されるというのは、あなたに何か秀でてるところがあるってことですよ。周りから嫉妬されているんです。

そう思えば、気持ちが楽に……ならないですよね（笑）。私もそうだけど、大人になれない人は一生大人にはなれません。**ならなくていいんです！**

私は意地悪されたら若いときは倍返ししていました（笑）。だけど、反撃すると向こうもやり甲斐《がい》を感じちゃってさらにエスカレートしちゃうんですよね。**あなたが困れば困るほど、相手は喜んじゃいます。**

意地悪している人って実はすごくパワーを使っています。だから、逆に相手にパワーを使った甲斐をなくしてやりましょう。

それには「ハッピー返し」が一番効きます。文句を言われても笑顔で「ありがとう！」と言うんです。嫌味を言われても「あら～、全然気付かなくて～。ありがとう！」と。

たとえ、ハブられたり、間接的な意地悪をされてもハッピーオーラを振り撒《ま》き続けます。心の中では呪い殺したいくらいに怒っていても、そんな素振りは見せてはいけません。そうやってハッピーなふりをしていると、**意地悪をする人もやり甲斐がなくなってきて、徐々に構われなくなってきます。**

他人からの意地悪って意外とスルーするのが難しいんです。やっぱりムカつきますからね（笑）。だから、こっちも嫌味なくらいの笑顔で返しましょう（笑）。

以前、面と向かって「あなた、おかしいんじゃないの？」って言われたことがありました。本当はすごくムカついたけど、脅すくらいの笑顔で「ええ。私っておかしいんですよ（笑）」って返したんです。そうしたら、相手はビビッて何も言えなくなっちゃって（笑）。私は性格が悪いので、こうやって相手がギャフンとするのを見るとすごく嬉《うれ》しくなります（笑）。

それに、意地悪をする人って人生の生き甲斐がそれしかないのか？　と思うくらい段々とエスカレートしてきて、あることないことを言ってくるようになるものです。すると、周りが「あの人、ちょっとやりすぎだよね」ってなる。だけど、あなたが怒りで返していたら「どっちもどっちだよね」ってなっちゃう。

だから、**意地悪にはボレーで返す。バウンドさせない。これが鉄則です。**

あ、もしそれがハラスメント系にまで発展したら証拠を取っておいて、然《しか》るべきところに相談しましょう。それでどちらかが辞めることになっても、そんな職場はこっちから願い下げですよ！

すぐ「私なんて……」と言い出す先輩、どうしたら？

職場のちょっと年上の方の「私なんて……」の発言に辟易《へきえき》。若い子が楽しい話をし始めたり、褒められたりしたあと必ず「私なんて……」って始まるので話が終わっちゃう。年齢は仕方ないけど、卑下するのはどうなのかなぁ。切り返しはどうしましょう。ちなみに、美人さんです！

（五十二歳・パート・宮城県）

この年上の方って、きっと私ぐらいの歳だと思うんですよ。私も本当にそうですけど、はっきり言ってね、**還暦ぐらいになると若い人がうらやましいですよ、呪い殺したいくらいです（笑）。**

私なんか…

もうね、「鏡よ鏡」の、白雪姫のお母さんの気持ちですよ。鏡に「いちばん美しいのは白雪姫です」って毎朝言われちゃっているようなものなんです、あなたの先輩は。**かわいそうな白雪姫の継母だと思ってください。**

ただ、卑下するのはちょっとね。もうその人はそういう性格だから、「私なんか」って言いだしたら、「そうなんですか？　でも○○さん、若いときは楽しかったんでしょう？」と、打たれた〝卑下ボール〟を顔面にボレーで返してください。バウンドさせせない。

本当は著著『若見えの呪い』（集英社文庫）を渡すのが一番の処方箋なんだけど（笑）、先輩にそれはできないですもんね。

私もね、若い頃は母に「いく子は何着ても似合っていいわよね」って言われましたけど、そりゃ若いから何着ても似合うんですよ。若いときにはわからないけれど。それがやっぱり、歳を取るとそうはいかなくなる。そういうものなんです。

でもこの先輩はなまじ美人だったから、若い頃に得た栄光と今、その落差に耐えられないんだと思うの。**美人ほど、老いていく自分に耐えられない。**

人生、プラスマイナスゼロだと思うんですよ。彼女はたぶん若いときにいい思いをしていた分、今がよけいつらいんでしょう。昔はチヤホヤされていたのに、若い白雪姫たちがいっぱい出てきちゃったから、魔力が効かなくなった。**知らないうちに自分が白雪姫から魔女になってしまった。**もうこうなったら毒リンゴ食らわすしかない

（笑）。

毎朝、鏡見て嘆いているのよ。あ〜、こんなところにまた白髪が増えた……って。で、会社に行くと、とりたててかわいくもない子がきゃぴきゃぴしてる。あ〜美人でもないくせに、若いってずるい、って思っているんです。

彼女は彼女でつらいんですよ。**美人はつらいよ、と思って、生暖かく見守ってあげてくださいね。**

仕事を続けていくのが嫌になったら?

仕事を続けていくのが嫌になったとき、どうやって気持ちを盛り上げますか?

(五十歳・会社員・埼玉県)

仕事が嫌になるとき、私ももちろんありました。

三十、四十代ですかね。声をかけていただいた仕事を、欲張って全部請け負ってキャパオーバー。「できます」っていい顔をしたくて、自分を追い込んでいました。あと、気の合わない人の仕事を受けて疲れきったり。さらっと終わらせればいいところを、つい熱心にやっちゃうんですよね。

そんなころを過ぎ、五十代になると体力、気力がさらに落ち、六十を過ぎたらどっと疲れが増すようになりました。そんな状況でも、仕事をする相手を選び、なんとか楽しくやっていますが。

五十歳ぐらいで体力や気力や記憶力なんかが落ちて、昔ほど軽快に仕事ができなくてしんどいな、と思ったときほど実はチャンス！　力任せにこなしていた仕事量や、実はあまり相性の良くない仕事相手とか、苦手や無理な仕事を考え直すいいチャンスです。

自分ってダメだな、疲れたよ、と思っている方は特にです。**人生折り返し、これからのために仕事の仕方を考え直しては？**

体力は落ちても、いままでの経験という貯金や知恵で補える、とかもあります。**周りの人に頼ればいいことは頼り、何でも一人で抱え込まない！　キャパオーバーは手放す。**

仕事って、ある意味自分を切り売りして賃金を得ることだとは思いますが、バランスが大事。今の辛さはその賃金に見合うでしょうか？

私、つくづく思うんですが、毎日ずっと楽しく仕事をしている人って少ないのでは。**なんで仕事をするかって言ったら、はっきり言ってお金のため。**そう割り切るのがいいのではないでしょうか。割り切れなくて、そして他にお金を得る手段があるならその仕事はやめてもいいです。私なんかは、仕事

でストレスがあって割り切れないと、そのぶんやけ酒をしたり買い物をしたりしちゃうので、結局お金がなくなってしまいますからね！（笑）

「仕事はお金」と割り切ると決めたなら、**身の回りのものにちょっと贅沢《ぜいたく》するのをおすすめします。**ポーチ、スマホケース、定期入れ、キーホルダー、ペンとか。リバティプリントで張り込んで揃えたり、思いっきり自分好みにするんです。**毎日使うものだから、そのたびに気持ちを上げてくれますよ。**

ネイルもいいですね。手元って一日中目に入りますから。最近はコロナをはじめ暗いニュースばかりだけれど、ネイルをピンクにしておくだけでパッと気持ちが上がるもの。マニキュアが禁止されている職場でも、きちんと無色透明でケアして、目障りにならない程度に綺麗にしておく。それだけでも自信がもてます。

私が愛用しているのはウカ（uka）のネイルオイル。アロマがさりげなく香って、人の迷惑にならないのがいいんです。電車で周りの人のニオイが気になるときは、そっと首や手首に塗ってバカンス気分にエスケープ（笑）。**こういう小さいことで「上げて」いくと、仕事の辛さもましになります。「パーソナルなものに投資」、ぜひやってみてください。**

仕事やプライベートで時間を無駄なく過ごすためのコツは？

仕事やプライベートで時間を無駄なく過ごすためのコツや、犠牲にしなきゃいけないものがあれば教えてほしいです。

（二十九歳・公務員・高知県）

二十九歳、若いですね！

たしかに二十代や三十代のときは能率ファーストで考えがちですけど、私くらいの歳になると「無駄、最高！」です。

昔は、私も無駄が許せない人間だったんです。五分でも空き時間ができたら次の仕事のアイディアを考えるとか、家の掃除をパパッと済ませていました。毎月二回くらいは海外に行って、仕事も遊びも詰め込みまくり。フライト中だって寝るのがもったいなくて映画を何本も連続で観ていました。

そんな私がなぜ「無駄、最高！」と思うようになったかと言うと、フライトがキャンセルになったり、仕事が急遽《きゆうきよ》延期になったりして空いちゃう時間ってあるじゃないですか。**今思い返せば、そういう予期せぬ無駄な時間にふらっと行ったところや、やったことが、身になっているからです。**

それに、あなたはまだ若くて体力があるから、「いつも何かしていなくてはいけない」「効率よく物事を進めないといけない」と思ってしまうかもしれないですけど、そういう生活をずっと続けていると五十歳を過ぎたときに疲れがどっときますよ。これ本当に！

“無駄”は心の栄養補給！

そもそも、仕事でもプライベートでもきちんとやるべきことをやっていないと、〝無駄〟という意識は生まれません。あなたはそれがきちんと出来ているから「無駄は無駄！」と思えるんです。

だからね、先輩からアドバイスさせていただくと、〝無駄〟だと思うものは、人それぞれですけど、どんなものでも「無駄、上等！」だと思ってもっと気楽に生きてください。

それよりも、いかに仕事を楽しく終わらせられるか、一日が終わったとき

にどれだけ充実感を得られるかを一番に考えましょう。例えば、能率的に進めたいばかりにセカセカと気忙《きぜわ》しく働くんじゃなくて、状況が許せば、同僚とちょっと雑談する時間を作ったり、仕事が終わった後に気になっていた美術館に足を運んでみたり、カフェや公園であえてボーッとしてみたり。

積極的に無駄を楽しんでください。私たちはロボットではないので、時として無駄が心の栄養補給、ハッピーに繋《つな》がるんです。

犠牲にしなくてはいけないものというのは、人によっては親の介護だったり、お子さまの世話とかで否応《いやおう》なしに出てくるので、今のうちから「犠牲にしないといけないもの」なんて考えなくていいです。

仕事だけしているのではだめ？

仕事だけしているのはだめですか？　独身でこれといった趣味もなく、ずっと仕事ばかりしています。仕事は好きなので働くことは楽しいのですが、定年後のことを考えると「このままでいいのか？」と考えてしまいます。

（五十五歳・会社員・愛知県）

五十五歳くらいになると定年後の自分を意識するようになりますよね。

同じ五年でも二十五歳からの三十歳と、五十五歳からの六十歳では時がすぎる早さが全然違うから「私、あとちょっとで定年なの!?」って（笑）。

私の場合、コロナ禍で実際に人と会う仕事が激減して、打ち合わせがあっても

Ｚｏｏｍで簡単に済むようになりました。はじめは「時間がたっぷりできた！　リモート最高！」と思っていましたが、やっぱり何か物足りない。私にとっても実際に人と会う仕事って楽しみや趣味のひとつだったんだと思い知りました。

世の中には仕事が嫌いな人が多いけど、一方であなたや私みたいに仕事が楽しい人がいてもいいと思います。「仕事大好き！　仕事最高！」なんて今の時代に大きな声で言ったら、顰蹙を買っちゃうかもしれませんが、別に仕事が趣味でもいいじゃないですか。**それをしているときの自分が一番上がっているんですから。**

定年後のことは定年になったら考えればいいんです。今はどんどん世の中のシステムが変わりますし。

会社の方針とかで定年が延びたり、別の仕事をすることになったりするかもしれません。私の友だちも定年後に再雇用で週三回だけ働いています。定年になってもふと入会したジムでヨガやダンスのレッスンにハマることだってあるかもしれません。

どのみち、どうなるかわからないので、今のうちからあれこれ考えないで。**今は今で、楽しい仕事ができる幸せを噛《か》み締めて、思う存分エンジョイしてください！**

仕事の辞め時がわからない

仕事の辞め時がわかりません。私はフリーランスとして働いているので定年がなく、自分ではいつまでも働けると思っています。体力の限界がきたら仕方ないけど、潮時みたいなのがわかりません。

（五十一歳・自営業・大阪府）

私もフリーランスですが、私にも辞め時なんてわかりません！（笑）ずっとあると思っていた仕事がコロナ禍でなくなったり、トークショーも出来なくなったり……、辞め時って自分で決められたらいいけど、案外こうやって周りの状況や人に決められちゃうのでは？

ただ、仕事は辞めない限り、求められるものが日々変わります。だから、潮時を考えるのではなくて、潮目を読むようにしましょう。

私は五十歳くらいまではスタイリストとして女性ファッション誌でガンガン働いていました。当時は今よりも「オバサン」が敬遠される風潮で、もちろん他のスタイリストさんもオバサン系の仕事は嫌がっていた。

……でも、考えてみたら自分だって立派なオバサンじゃないかと思って、

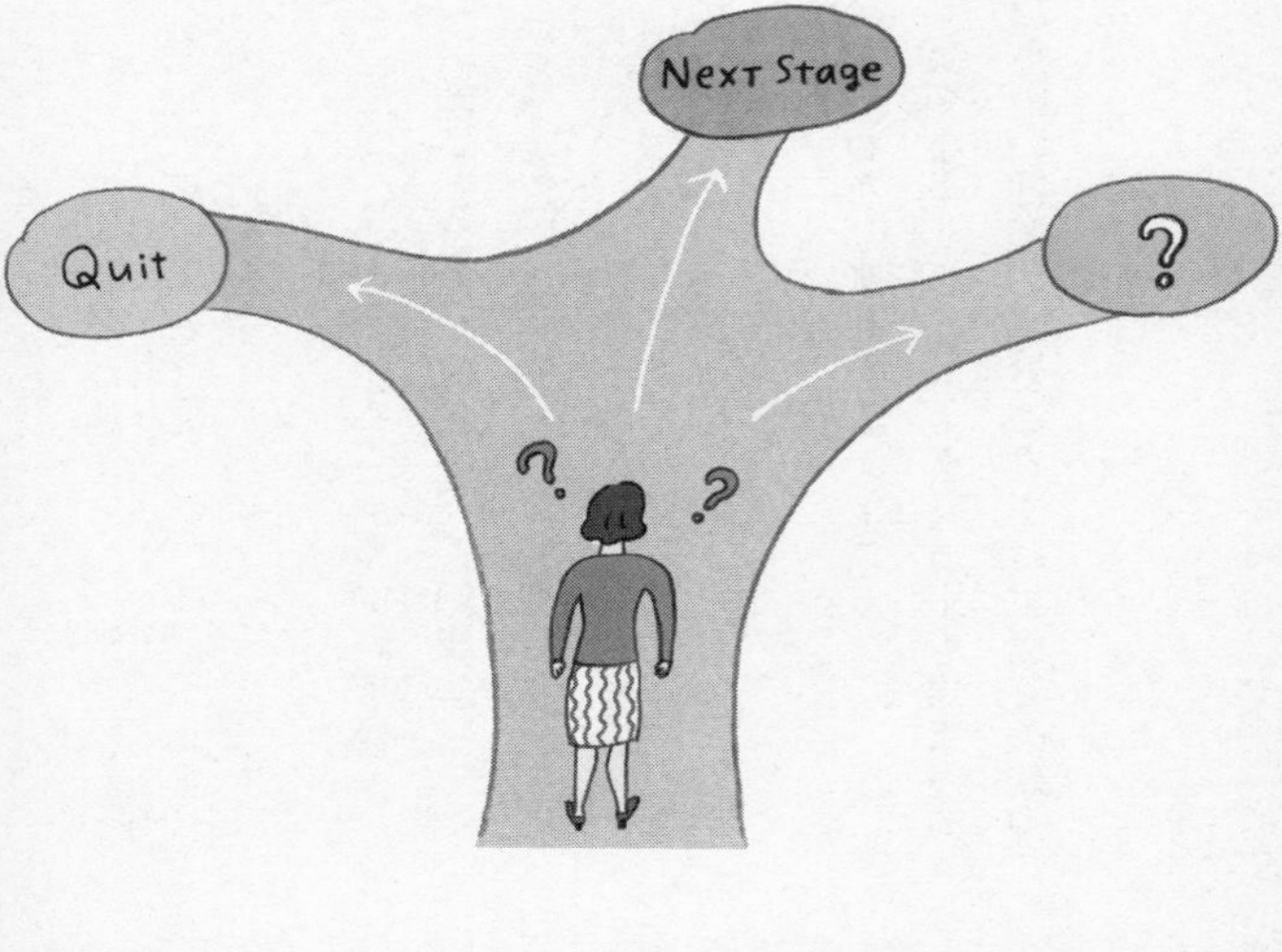

『50歳、おしゃれ元年。』『若見えの呪い』、槇村《まきむら》さとるさんとの共著『ババア上等！大人のおしゃれDO! & DON'T!』（すべて集英社文庫）などを書きました。

そうしたら、有難いことにたくさんの方に受け入れてもらえて、「ババア道」という新しい道を見つけちゃった（笑）。樹木希林《ききりん》さんも、自ら〝お婆《ばあ》ちゃん女優〟宣言をして数多くの作品に出られていましたよね。彼女も潮目を読んだんだと思います。

あなたも他にやりたいことが出てくるかもしれないし、まったく違う分野からお声掛けがあるかもしれない。**どんな仕事でも自分が楽しいと思えるものにはすぐに乗っかれるように、今は身体と心を健康に保ってエネルギーを溜《た》めておきましょう。潮時が来たら次の潮に乗っかっちゃえばいいんです！**

夫の希望で専業主婦に。でも仕事がしたい

昨年末で仕事を辞め、現在は専業主婦です。夫の希望で専業主婦になってみたものの、張り合いがなく気分が落ち込み気味です。やはり何らかの仕事をしたいと思い、夫に相談していますが、あまり良い顔をしてくれません……。このまま私の人生が終わるのかと思うと苦しくてたまりません。

（三十八歳・専業主婦・埼玉県）

この時代、専業主婦として暮らしていける財力があるというのは、正直私にはうらやましいです。でも、働くことによって自分の存在意義やアイデンティティを求めたいという気持ちもわかります。**社会にコネクトしていたいというのは、人間的欲求とか生存本能だと思うんです。**今、社会はものすごいスピードで変わっているから、ど

こかで繋がっていないと自分だけ取り残されてしまうという恐怖心もあると思います。

そこで！　旦那さんへの相談の仕方を考えましょう。

ただ「自分は働きに出たい」と言っても、「俺が稼いできているのに、なんの文句があるんだ！」と言われかねません。だから、社会と少しでも繋がっていないと不安で堪《たま》らないということをきちんと伝えた上で、「お金の問題じゃなくて、私はあなたと一緒にこれからも楽しく暮らしていきたいの。そのためには、私も週に三回くらいは外に出た方がメリハリが出来てハッピーになれると思うの」と言いましょう。

もし家事のことを持ち出されても、「これまで通り出来るよ」と言い切る！　実際、手の届かないところが出てきたら稼いだお金で清掃業者に頼むのもいいと思います。今、水回りとか数千円でやってくれるし、自分でやるより綺麗にしてくれますからね。

「どうすればお互いに気持ち良く過ごせて、いかにふたりがこれからも幸せに暮らしていけるか」という観点で話す！　そうすれば「お、俺のことそんなに考えてくれているのか」ってなるはず。で、追い討ちをかけるように「あなたのおかげで生活費の問題はないから、私のお金がある程度貯《た》まったらそのお金を使って、いつかふたりで一緒にハワイにでも行こうよ」と提案しましょう。

それでもダメだったら……もう一度お悩み相談をください（笑）。

WORRIES ABOUT LIFE

もうすぐ五十歳。身の回りのモノや人間関係をそろそろ整理したい

もうすぐ五十歳です。終活にはまだ早いと思っていますが、そうは言っても自分の身の回りのモノ（物だけではなく人間関係も含めて）をそろそろ整理して、できるだけ快適に過ごしていきたいと思います。人生のお片付け、地曳さんはどうされていますか？

（四十九歳・会社員・愛知県）

もうすぐ五十歳……。わかります。五十歳って人生の折り返し地点、そういうことを考える歳なんですよよ。

私はまず四十歳のときの引っ越しで、ものすごく持ち物を処分しました。五十歳の

ときも『服を買うなら、捨てなさい』(宝島社文庫)って本を書いちゃったから(笑)、もう一回、モノも人もかなり整理しましたね。

だけど、**日本に生きている限りモノは増えていくし、モノの片付けに終わりはない。本当に、亡くなるときまでお片付けはついてきます。**

確かに、モノを減らしたほうが人生はラクなんですよね。私も本に「買うなら捨てなさい」とか書いたくらいですから、それはわかっているんです。わかっちゃいるけど、新しいものに触れる楽しさってあるからいつの間にかモノは増えていくし、私もやっぱり片付けは苦手。コロナ禍のステイホームの間はずっと家にいてすごく時間があったわけですけど……**人間、時間があってもできないことはできない。**ステイホームで、〝やる気〟もステイしてしまった(笑)。

でもね、私の友だちで、雑誌に出てくるみたいにすばらしく綺麗なリビングのお宅に住んでいる人が何人かいるんですけど、**そういう人たちには共通して絶対ひとつ、「開かずの間」があるんです。**つまり、一部屋を犠牲にしてそこにぎゅーっとモノを詰め込んでいるの。もう「ええ〜っ!?」って驚くくらい。

だから、もしあなたがそういう開かずの間、秘密の部屋を作れないなら、秘密の箱をいくつか作るといいと思います。ウチにも実は〝開かずのクローゼット〟があるんだけど、そうすると、目に見えるところはわりと綺麗にできます。私はお風呂場と洗面所と台所、寝室だけは綺麗にするって決めているの。**自分が長くいる場所だけは綺麗にして、ちょっと犠牲になる部屋とか箱とかコーナーを作る。**で、あるとき、その部屋とか箱を見ると、そこにはいらないモノ、普段使わないモノがたまっているから、それは思い切ってほぼ全部捨てる。

あとね、最近私が訪ねた友だちの別荘も、本当に片付いていて綺麗なお宅なんだけど、そこの友だちは「そうよね〜いく子さん」とか言いながら玄関のスリッパを片付けたり靴をそろえたり、なにかしらずっと片付けているの。「今日ゆっくりできるんでしょう?」って言いながらちょっとごみを拾ってまとめるとか、もう3アクションぐらいしている。片付けが動作の一部分になっているんです。

私、それで開眼しました! コーヒーを飲んだら、以前は全部まとめて夜やればいいや〜ってソファーでぐだぐだしたり、せいぜいカップに水を入れておくだけだったんだけど、そこで洗って布巾で拭いて棚にしまう、までしちゃうわけ。ホントにちょっとしたことですけど、「彼女だったらどうする大作戦」でやってみると、実際一分も違わないわけですよ。しかも、次に台所行ったときに綺麗!

できるかな〜って思うでしょ? いやいやいや、ちょっとやってみてください。**全部やらなくても、ちょっとプラスアルファでいいんです。片付けを動作の流れのひとつに入れるだけ。**片付けって言うと、例えば服とか雑誌とかまとめて捨てようと思うじゃないですか。でもなかなか捨てられない。だからひとつずつ捨てるの。帰ってき

て服を脱いで、「あ、もう肩紐《かたひも》が落ちてきたじゃないこのブラ」って思ったら、それはもうそのままゴミ箱に捨てる。「一週間ためて」とか「一カ月ためて」じゃなくて、**ちょこちょこおそうじ、ちょこちょこ捨て。**これ、片付けが苦手な方におすすめです。

友だち関係もね、自分がしんどいときとか疲れているとき、いつもだったら何とも思わないＬＩＮＥの返信に心がやられちゃうことってありますよね。**そうしたら一回、そのお友だちを整理してもいいと思います。**その人には悪気がなくても「あ、自分には合わないんだな」と感じたら、まめに

LINEをミュートしたり返信し忘れたり、するといいですよ（笑）。

そうして少し距離を置いておいて、また自分の状態がよくなったら「ごぶさたしてま〜す、ちょっと私疲れてました、ごめんね」って復活する方法もありますから。だからとりえず今、苦手だな〜つらいな〜と思う人からは離れておく。そうすると人間関係はうまくいきます。

あなたは「できるだけ快適に過ごしていきたい」っておっしゃっていますけど、ポイントはまさにそれ！　**モノを捨てるときの基準は、肩紐が落ちちゃうブラジャーとか、なんだか知らないけど勝手に縮んでしまったスカートとか（笑）、「自分が快適じゃない」と感じたときです。**服だって靴だって、今まで大丈夫だったのに突然着心地が悪くなったり足が痛くなったりするでしょう？　人間関係もそう。それはもう、その人とかモノとおつきあいする時代が終わったってことなんです（ここで中島《なかじま》みゆきの『時代』が流れる。笑）。

主人が亡くなったらひとりぼっち。将来が不安です

子どもがいないので、もし主人が亡くなってしまうとどうしたらいいのか、一人で生きていく気力がなく将来のことを考えるだけで不安になります。子どもがいてもひとりぼっちになる人はなるということは分かってはいますが、やはり不安がつきまとってしまいます。心の持ちようを教えてほしいです。

（四十三歳・専業主婦・東京都）

私は還暦を過ぎていますが、この歳ぐらいになると、ご主人が亡くなって独りになった同級生が結構まわりにでてきます。

今は昔と違って、世界情勢も気候も不安定で、家庭があっても安定感なんてなくて、夫婦であれ、独身であれ、それぞれが不安を抱えている時代。子どもがいるから安心だ、なんてよく言いますが、子どもは結婚したら相手の家を大切にして、実家には見向きもしなくなっちゃうことが多いですよね。まあ、それぐらいじゃないと結婚生活なんてうまくいかないわけですが。

というわけで、**将来の不安は自分だけじゃなくてみんながもっているもの**、まずはそう思って。そうじゃないと鬱になっちゃう。

女性は四十歳すぎると不安感が高まるといいますよね。女性ホルモンが減るからという説もあるけれど、なんだかんだで人生五十年だった昔にはなかった心配がある。

心の持ちようとしては「自分の心を下に引っ張る人と会わない」。

下に引っ張る人、っていうのは、LINEしたり会ったりした後に「なんか疲れる」人のこと。私の周りではそういう人のことを「エナジーバンパイア」と呼んでいます。私なんかは、エナジーバンパイアと会ってお茶したり食事したりするのは疲れるから断りますよ。

五十歳すぎてからまた、ライブハウス通いを再開しているのですが、それで同じ音楽好きの若い子たち（親子ほど歳が違う！　笑）との接点が増えました。ＬＩＮＥでやりとりしてるから、本名なんて知らないけど仲良し。若い子ってすごくエネルギーをくれるんです。このあいだは、私のスタイリストアシスタントだった三十代前半の女の子が家に来てくれて一緒にご飯しましたよ。

「お一人様」も素敵なんだけど、喜びをシェアしたいときってありますよね。

同年代の人は、介護とかお子さんの受験なんかで忙しかったりするでしょ。**そういう意味でも若い子とご飯食べたり、映画観たりするのはとてもおすすめ。子どもがいない場合は「フェイク子ども」、もっと歳とったら「フェイク孫」を作る！**　若い子と出会う機会がない場合は、親戚の中でいませんか？　なんか気の合う姪《めい》っ子《こ》とか。

「誕生日でしょ、焼き肉おごるよ」って言えばすぐ出てきますよ（笑）。

もうひとつおすすめなのは「体を動かす」こと。ヨガのレッスンなんかも気が晴れるはず。他には散歩、ご近所でも普段通らない道を通るとか、隣町まで足を伸ばして素敵なカフェでお茶をしても良いですよね。四十歳すぎてからお稽古ごとを始める人って多くて、人との交流が増えてみんな元気になっています。

あなたはこの悩み相談に送ってくださったぐらいだから、何かをやる気力をきっともっているはず！

まずは気楽に何か始めてみる、ダメだったらやめる、でいいんじゃないでしょうか。

でも、その中で自分に合わない人に遭遇してしまったら近づかないこと！　それだけは気を付けてね！

老後、夫と二人になるのが面倒。一人になりたい

老後、夫と二人になるのが面倒だなあ、一人になりたいと思う。夫が家にいると落ち着かない私はどうしてしまったんだろう。

（五十五歳・自営業・千葉県）

前のお悩みに「主人が亡くなったらどうしたらいいのか」というお悩みがありましたが、こちらは真逆のパターンですよね。いてもいなくても面倒くさいものですよね、パートナーって（笑）。

結論から言いますと、**美輪《みわ》明宏《あきひろ》さんがおっしゃるように「人生は正負の法則」なので、一人になってもならなくても、どちらを選んでも一〇〇％幸せになることはあり**

得ません。その前提で、どちらにするかなるべく早く腹を決めて進むのが大事だと思います。歳をとって、仕事を減らしたりリタイアしたりして、ご主人がずーっと一日中家にいるようになってからじゃ遅いのでね。人生七十年くらいだった時代とは違ってこれからが長いのです。

決めるための手がかりをお伝えしますね。

まず、**ご主人のどこが嫌なのか箇条書きにしてみて。**靴下が脱ぎっぱなしでバラバラにリビングに落ちていると

か、トイレの後、便座を上げっぱなしだとか、食べ終わった後に水につけておいてくれなくて、ご飯茶碗《はんぢゃわん》がガビガビになっているとか、ゴミ当番なのになぜかいつも生ゴミだけゴミに出し忘れるとかね（笑）。

箇条書きにしたら、どの程度耐えられないかを△と×で分類しましょう。ちょっとは我慢できるのか、本当に耐えられないのかを把握して。

それで整理がついたら、「実は私はこれが嫌です」と箇条書きを見ながらご主人に冷静に伝えてみましょう。

え、そんなことが嫌なの？　と言われたら「そうなの、できたらやめてね」って言えばいい。大体、男の人はこちらのムカつきに気づいてないことが多いんです。

聞く耳をもってくれるようだったら、ちょっとずつ直してもらえればいいですよね。コーヒーカップを洗わないまでも、水を入れて着色しないようにしておいて、とか、なんなら食洗機を買って解決とか。

共同生活って歩み寄りですからね。もしかしたら、ご主人もあなたに不満があるかも。それを知るいいきっかけになるかもしれません。

じゃ、もしキレられたら？　そうなったら**一週間ほどご主人と物理的に離れることをおすすめします。**プチ別居とでも言いましょうか、ご実家があるならご実家へ、ないならウィークリーマンションでもホテルでも。旅行でも構いません。ただし友だちと行っちゃダメですよ。**一人って本当にラクなのか、それとも寂しいのかを知るための期間なので。**

一人はラクなようでいて、それはそれで大変ですからね。「自由って不自由」だったりします。

だって、料理するにしても、一人分をちょこっと作るのって難しくて、二人分以上じゃないと分量的においしく作れないと思いません？　余ったら、冷蔵庫が食べ残しの保存容器でいっぱいになる。ご主人を残飯処理担当の人として考えれば、フードロスしないで済むし、エコですよ（笑）。

一人で生きるって、二日も三日も煮っころがしやゴーヤチャンプルーを一人で食べ続けること（笑）。そう考えると、たとえ「おいしい」って言ってくれないご主人でも、残りを食べてくれるだけ有難いかも!?　こんな考え方もあります。

別れる、別れないはあなた次第。私の女友だちの中には「私、働くのは無理だから、結婚は永久就職したと割り切っている」と言う超ドライな猛者もいます。

人生百年時代、離婚率もビックリするほど高くなっている今、**「五十歳を過ぎたら人生折り返し地点」と捉えて、もう一度よく考えてみてくださいね。**

たくさんの人を傷つけてきた私。自分が情けなくてしょうがない……

思えば、今までにたくさんの人を傷つける言動をしてきたので、毎日思い出しては自分自身が情けなくてしょうがない。傷つけた人への懺悔《ざんげ》はどうすればいいのか。心の持ちようを教えて欲しいです。

(六十三歳・専業主婦・三重県)

「今までにたくさんの人を傷つける言動をしてきた」って気づいただけでも偉いです！　なかなか気づけるものじゃありません。この時点で、**すでに罪を償えているし、懺悔は済んでいる、と私は思います。**

実は私も、結構きついことを人に言ってきた自覚が。

あの人にあんなことを言ってしまった、あの男にひどいことをしてしまった……とよく思い出します。

ついこのあいだだって喧嘩《けんか》しちゃったんですよ、バンドをやっている十代の子相手に。それこそ人に止めに入られる勢いで！

その子に、「思ったことをそのまま口に出して言うと人が傷つくよ」って言われちゃって。私、江戸っ子だからか、言葉の表と裏を使い分けると、かえってあとから面倒なことになる地域で育ってきたから……まあ、幼稚園のころすでに「あんたは本当に人に逃げ場を与えない。物の言い方に気をつけなさい」と母親に言われていましたからね。残念ながらそのまま大人になってしまいましたが（苦笑）。

そんなわけで、人ってなかなか変われないですからね……。仕事上は気をつけているんですよ。たまに、どうしても許せない人がいるときついこと言っちゃいますけど

ね。正義感が強いから!?

で、悪いことをしたなぁと反省して、相手に謝るとするじゃないですか。するとたいてい、相手がそのことを忘れていたりするものなんです。だから、**自分の中で整理するのが賢明。たとえば、過去のことは忘れられないけど「置いておく」ことを心がけてみては。**

この「置いておく」って、ダライ・ラマ猊下《げいか》がよくおっしゃっているのですが、**「悪い感情がわいてきても、無理に対処しようとせず、ほうっておく」ことです。**自分が情けないとか、いろいろな感情が浮かんでくるけれど、後追いすることなく流す。そうすると、苦しい感情がいつの間にかなくなっている。これ、瞑想《めいそう》するときにもよく使われている方法です。

考えてもしょうがないことはあるし、解決できないこともありますからね。**過去にとらわれず、これから自分がどうするかのほうが大事なんです。**

では、私の考えた「今後、人を傷つけない方法」はというと……。**この人合わないなぁ、嫌な予感がする、と思ったら、二メートル以内に近づかないことです！** ツイッターもミュートして。こうやって、傷つける可能性のある対象を減らしていけばいいんです。

どうやったって、好き嫌いってありますよね、人間だもの（byいく子）。

友だちがいない五十代。この歳から作れる？

五十代になりふと気がつきました。私には友だちがいない……。二十代で結婚し息子二人に恵まれましたが、子育てや家庭のことに追われる毎日。子ども関係のママ友などもいましたが期間限定でした。パートで働いていて職場仲間などもいますが、友だちではありません。同級生に友だちはいません。以前は出かけるのに一人でも平気でしたが、歳のせいか一人での外出は寂しくて。女友だちと気軽にお洋服や雑貨などのお買い物や、ちょっと遠出して一日バスツアーというのに、とても憧れます。この歳から新しい友だちできますか？　作る方法を教えてください。

（五十一歳・パート／アルバイト）

私もふと同じことを考えたんです、「友だちいないな」って。というか数少なすぎるなって。仕事関係では仲のいい人はたくさんいるけど、仕事やめたらプライベートな友だちいないじゃん！ って。コロナ禍も経験して、もう一度友だちについて考えてみました。

私の知り合いで、とても顔が広くて、友だちがいっぱいいる人がいるんです。すごく人気者で、海外に住んでいるんですが。彼女に「私、友だちいないんだけど」って相談したら、「私もいないよ。知人はたくさんいるけど、友だちはいないんだよ」って言われて。

それを聞いてハッとしました。「友だちいない」って考えると、シリアスに孤独と**思っちゃうけれど、「知人」レベルの人がいればそれでいいんじゃない？ って。**

確かに、一人でいると寂しいことはありますよね。でも、寂しいからって「友だち」を無理に作ると不自然で楽しくないし、続かないんです。

私は子どもがいませんが、あなたには息子さんが二人いらっしゃるじゃないですか。それだけでよくないですか？　うらやましいですよ。ボーイフレンドが息子、でいいんです。パートで職場仲間がいるなら、それで十分だと思います。

というのも、今は、これまでの常識が覆されることがたくさん起きる世の中になったからです。私の専門分野のファッションもそうですが、人間関係もそう。**「こうあるべき」という価値観が崩れてきた今、「友だち」についてももっと自由に考えてもいいのでは。**人生、一度友だちと思っても、環境が変わったら離れていくものだし、ラクに考えていい。

さて、おこもり生活の続く今（二〇二〇年春）、私の住む東京ど真ん中はかなりの自粛ムード。友だちに会うことはおろか、仕事も対面での打ち合わせやモデル撮影はすべて中止、延期になりました。

最初の頃は、元来ヲタク体質な私は「やったぁ！　お家《うち》ライフ最高。電車乗るとか面倒だし一日中ノーメイク、寝巻きで過ごしてやる！　リモート上等！」と息巻いていたものの、まるで玉手箱を全開にしてしまったみたいにどんどんお婆さん化が進み、「これはかなりヤバい状況」と思いました。仕事相手でも知人でも、人に会うことの大切さを考え直す機会かもしれません。

そして、LINE通話でパリやロンドンの友人と話し、最初はビデオをオフにしていたのですが、ちゃんとメイクして顔を見て話したら元気が出ました。やはり数少ない友人は生きていく上での心の支えだと思いました。いつまでこの状況が続くかはわかりませんが、もしかしたら、海外にいる彼女たちに二度と会えないかもしれません。

でも、ＬＩＮＥ通話で話すことはできます。

まずは、いきなりバスツアーではなくて、気軽に知人を誘ってみては。たまたま観たい映画がかぶったぐらいの理由で、一緒に行ってみる。それで、もし気が合ったらもう一回行ってみる。**お試しを重ねていくんです**。男と付き合うのと一緒（また言っちゃってますね。笑）。数回重ねていけば、知人から友だちに昇格するかも。重く考えると相手も負担なので、気楽にスタートを。

今は、ＳＮＳなどで本名を明かさずとも人とつながれる時代ですしね。私も、コロナ前はライブで知り合った名も知らぬ人とご飯に行ったりしていました。その中から「友人」「親友」が残るかもしれませんしね！

とにかく重くならずに！　まずは「知人上等！」ですよ。

自分のことよりも、頼まれごとを優先してしまってストレス……

頼まれごとやお願いごとなどを聞くと、自分のことよりも先に考えて行動してしまい、ストレスを感じてしまいます。自分優先で物事を考えたいのに、性格が邪魔しています。

（五十一歳・会社員・東京都）

私もまったく同じなんですよ！　困っている人がいるとどうしても助けてしまう。それで頑張りすぎて、自分が疲れちゃうんですよね。お気持ちがよくわかります。

でも、私はコロナで仕事がキャンセルになったりして、人助けをするどころじゃなくなってしまった。お金と、動ける自由がないと人を助けられないんだなと痛感しました。**自分に余裕があって、ハッピーじゃないと人助けはできないんだということを、還暦をすぎてやっと学び出したところです。**

頼まれたら全部助けてしまっていた私は、もう疲れた！と思って「全部助けない」をやってみたことがあるんですよ。例えば、クラウドファンディングも、最初片っ端からドネート（寄付）していたんですけれどキリがない。思い切って全部やめてみた。今までだったらちょっと無理すればできるかな？な仕事も全部キャンセル。そうしたら、それはそれで心が苦しかったんです。金銭的には楽になりましたが（笑）。何もかも断ってしまうのは、私の性じゃない。それで、「私は人助けが好きなんだ」と気づいてしまいました。

人助けは義務じゃない。疲れきるまでやることじゃないです。自分の身体と心が健やかでいられるときに「好き」でやるぐらいにとどめてはいかがでしょうか。釣りや

つかまっ…
あ゛あ゛〜〜っ!!
た、たすけて〜〜
たすけてー
たすけてー
たすけての沼
たすけてー

テニスが好き、ぐらいの感覚で（笑）。

見返りは求めてはいけません。助けた相手に利用されたこともあります。でも、「あなたが好きで勝手にやったことでしょ」と昔、私の母に言われました。これ、格言ですよね。母も下町のお人好《ひとよ》しお節介おばさんだったから、私の世話好きは遺伝なのかもしれませんね。

人助けは娯楽だ、ぐらいに考えて、見返りがなくても笑ってすませられる範囲でやりましょう。あなたの時間やお金が犠牲にならないように。芥川《あくたがわ》龍之介《りゅうのすけ》の『蜘蛛《くも》の糸』を思い出して！　蜘蛛の糸は垂らしてあげすぎちゃダメなんです。人が溺れてつかまってきたら、自分に浮力や体力がないと自分まで沈んじゃう。**無理は禁物です。**

あなたはきっとまじめな方だと思うので、一〇〇％自分ファーストでやることはきっと無理。人助けをまるっきりやらないのも苦しくなると思います。人助けをできる範囲でしつつ、ちょっとだけ自分優先にしてみましょう。疲れたら、友だちにＬＩＮＥで三十分だけ話そうと言ってみる。助けてもらうことも必要です。

人を助けるには、自分に浮力と体力をつけること！　私は、還暦近くになってから中学時代の同級生と改めてつながって、精神的に助け合っています。互助会みたい（笑）。

自分を許して、人助けは楽しむ。この精神で、無理せずやってみてくださいね。

お付き合い、結婚。
誰からも選ばれない私はおかしいの？

誰からも選ばれない自分（お付き合いや結婚）は、おかしいんでしょうか？

（四十五歳・会社員・沖縄県）

それは、あなたがおかしいんじゃなくて、あなたの「考え方」がおかしい！
と、いきなり強い口調ですみません。どうしても、この方に元気になっていただきたいので。
「選ばれない」とおっしゃっていますが、**選ばれることを待っているのでは、アボカドと一緒です。**

スーパーに並ぶアボカドは、人間に選ばれなければ黒くなって廃棄されていくもの。でも、**あなたは人間なんですから、アボカドのように選ばれるのを待ってなくていいんです。自分が選ぶほうになってみたらいかがでしょう？**

パートナーだって、お友だちだって、自分で選べるんです。

素敵な人がいたら、すみません、お茶しませんか？　って働きかけてみましょう。リアルでやるのが怖ければ、

Come on
Come on
Come on
Come on!!
AVOCADO

インスタにコメントをするのだっていい。「いつも見てます」なんて書いちゃうと、ちょっとストーカーっぽくてドキッとされちゃうかも知れないけれど、「おいしそう」「綺麗」「素敵」といった軽い言葉なら相手の負担にならず、素敵な化学反応が起こるかも。そう、**人間関係って化学反応なんです。**しかも、自分で起こせるもの。私なんかは、コロナ前に本名も知らない人と沖縄旅行もしましたよ（笑）。

令和のパートナー選びや人付き合いは、全部ガチじゃなくていいんです。ちょっとした共通点でつながればそれでよし。「琉球《りゅうきゅう》王朝（泡盛の銘柄）が好きなんですね！　私もです！」とか、「私は沖縄の人間だけどゴーヤが苦手なんですよね、え、あなたもそうなんですか!?」とか。そういう些細《ささい》なことから、深くなっていく人間関係ってあるんです。

だから、初めは自分から働きかけること。人を待っていても自分の思い通りに動いてくれることはありません。自分の考え方を変えて、動いてみることですね。

でも、もしそれが苦痛だったり面倒くさいのであれば、アボカドに戻ってもよいと思います。向き不向きというものがありますしね。黙っていても選ばれるアボカドもあるわけですから。

いずれにしても、人間として動くか、アボカドとして待つか。それを選ぶ権利はあなたにあります。もしちょっとでも状況を変えたいのであれば、私は前者をおすすめしたいですね！

自分の年齢が受け入れられず、若さへの未練が捨てられない

いつまで経《た》っても若さに未練があります。自分の年齢を受け入れられず、コンプレックスばかりが膨らみ、どう対処したらいいか教えてほしいです。

（五十九歳・会社員・東京都）

いきなり宣伝ですみません。『若見えの呪い』（集英社文庫）という私の本があるんですけど、それはまさに！　このお悩みに向けて書いた本なんです。なので、詳しくはそちらをお読みください……というのは冗談ですが（笑）。

その本にも書きましたが、私、自分の中にアバターを飼っていまして。そのアバ

ターは三十二歳ぐらいの理想の私で、長いこと、彼女を中心に服を買ったり行動したりして。五十代でも平気でライブや旅行にガンガン行きまくってたわけですが、さすがに還暦を過ぎたあたりから、ぱったり無理がきかなくなりました。

五十九歳！　確かに、何かに気づいてしまう歳です。

年齢は単なるナンバーだ、とか言いますけど、全然そんなことありません。

私はステイホームの時期にしっかり外出自粛していたら、前は一日一万歩ぐらい歩いてたのに体力が落ちて、「今日はすごく歩いた！」と思ってもせいぜい四千歩程度。以前はちょっと出かけたらほかの仕事も三、四本まとめて済ませたり、帰りにどこか寄ったりしていたのに、直線的に家に帰るだけ……。そうしたら肉体的にも精神的にもぐっと「老い」が進んで、階段を下りるのも怖くなっちゃったんです。

だからあなたも、お悩みを書いたときより今はさらに年齢を感じちゃっている気がするんですけど、**もうね、これに関しては「誰でも歳をとる」**。それしか言えないです。

そもそも私たちって、年齢に関して往生際が悪いジェネレーションなんですよ。それは、老けているとか、歳をとることを今の社会が許していないから。その上、自分の中に〝若見え〟したい理想のアバターを飼っちゃっていると、自分のアバターと、外からと、両方から圧力を受けて苦しくなる。〝若見えの呪い〟に縛られているのは、あなただけじゃありません。

繰り返しますが、容姿や体力が衰えていくのはあたりまえのことなんです。でも、体力が落ちると、気力も下がります。私はライザップのシニアプログラムで松平健《まつだいらけん》さんが体力年齢二十歳にまで若返ったというのを見て、やっぱり筋トレ大事よね！と思ったので、最近は自宅でストレッチとスクワットも始めたし、再開したスポーツジムにも通い始めました。やってるとやっぱり、少しは違います。気持ちも上がります。

人生は山登り！ 登った山は下りなきゃいけない。うまく下りないと、転がり落ちて骨折します。焦ったり、抗《あらが》ったりするのは転がり落ちる一歩手前なの。私もそうでしたけど。年齢を受け入れられない、とかネガティブに悩んでいるよりも、まずは体力、筋力をつけたほうがいいと思います。

まあ、いちばんの処方箋は『若見えの呪い』を買って読むことですけど（笑）。

されたことへの恨みが消えず、嫌いな人が増えていくばかり……

性格が悪いので、何かやられるとずっと恨んでしまいます。それが薄れることがないので、だんだん嫌いな人やものが増えてくる。そのせいで大病もしたけれど、性格は直らない。どうしたら、この負のスパイラルから抜け出せますか？（五十八歳・専業主婦・石川県）

「性格が悪い」と自覚しているのはエライ！　実は、私もまったく同じことに悩んでいます。

許すとか忘れるということができない、粘着質な性格なんですよ、私も。すごく昔のことをいきなり思い出しては、はらわたが煮えくり返って「ショエ〜！」となったりしています。

長く生きていると、いろんなものが堆積しちゃうんですよね。嫌な思いも。だから嫌いなものも増えてくる。まだ経験が少ない三十歳ぐらいまではそうでもなかったけれど、五十歳過ぎるとやっぱりいろんな堆積物が増えてきて、そんな思いに押しつぶされそうになっているんだと思います。

でも、私が五十歳過ぎてから出会った友だちがすごく「許す人」で。彼女はとてもいい人なので他人につけ込まれることもあって、私だったらどうやって相手に報いてやろうかと思うようなことも許しちゃう。きっと彼女は私とは正反対の性格なうえに、ご両親や周りの人たちも「許す人」だったのかなと思います。

その人に出会ったことがきっかけで、私も以前より二割ぐらいは許せるようになった。まだ八割は相変わらず許せないけど、でもこれは体質だからしょうがないんですね。

で、同じ粘着質の私が提案する対処法は、**嫌いな相手について考える時間がもったいないから、考えないこと！**

……とはいえやっぱり考えちゃうんだけど、なるべく違うほうに意識をもっていこうと、私も修行中です。この「負のスパイラル」は、ある意味自分の背負ったカルマですから、**即効性のある解決法はないんです。**

他人は他人だから関係ない、とどれだけ思えるかが、私たちの課題ですね。人間関係が多少狭くなっても孤独になってもいいから、嫌いな人とはなるべくかかわらないい

こと。それなのに私はずっと、あの人いやだな、っていう人のそばにわざわざ「嫌いに行っていた」んですよね。見ちゃうから余計イヤになるんです。だからそういう人には五メートル以上近づかない。**気持ちのソーシャル・ディスタンスです。その人を無理に好きになろうとなんてしない。**

ちょっとひどい例えかもしれないけど、例えばゴキブリが大嫌いな人がいますね。だけどゴキブリはゴキブリとして生まれたのであって、ゴキブリに罪はないんですよ。わざわざソレがいるところに近づいていって、「イヤ〜っ！」とか言って叩《たた》き潰そうとしたりしなくてもいい。あ、これ、あくまでゴキブリの話ですけどね（笑）。

きっと、私の友だちのように生まれつき菩薩《ぼさつ》係の人と、私たちみたいな小悪魔《こあくま》係の人がいて、陰と陽じゃないけれど、それで世の中が回っているんじゃないでしょうか。

今すぐに菩薩に生まれ変わりたい、とか思わず、今生はこれで生きる！　と腹を決めて、この性格とともに生きていきましょう。

家事を何もしない夫にムカつく。自分の時間が欲しい！

私の夫は私より若く見られます。私が母親で夫が子どもに見られます。でも私がこんなババアになったのは、夫が家事を何もしてくれないからです。ペットのお世話も私です。かわいい猫ちゃんなのでいいのですが、夫に似て、かまってくれないと噛んできます。自分の時間が持ちたいです。本当にムカつきます。

（四十六歳・パート・大阪府）

たしかにムカつきますね（笑）。じゃあ、こうなったらダンナさんのためにあれこれやってあげるの、やめましょう。

少し家事の手を抜いて、自分の時間を「つくって」みましょうよ。あなたは、自分の時間を持つっていうことに、そもそも罪悪感を覚えているんだと思うの。**軸が自分にないんです。**

あなたのように、家族のために自分の時間を捧《ささ》げすぎな女性って多いですよね。若いうちは体力もありますし、人に尽くすことに喜びを感じる人もいます。でも、歳を重ねるにつれ、どうしても体力気力が落ちる。それで尽くすのが嫌な気持ちになって、つらく当たったりしたら、相手にも迷惑ですから。

何か自分の好きなことをやるとか、ちょっとプチ家出するとか、してみよう！　で、ダンナが若々しいんだったら自分もちょっと若々しくしちゃおう！　そのほうが逆にダンナは喜ぶかもしれないじゃない？

日本人ってみんな、〝おしん体質〟なんですよね。　それが美徳だと学んできたから。私の友だちでも、「私ばっかり忙しい」っていつも文句を言っている人がいます。エレクトーンやりたいって言うから、やればいいじゃないって言うと、「でもダンナのごはんを作らなきゃ」って。

それなら週に一、二回、セブンイレブンのおいしいサバの味噌煮《みそに》やシャケの塩焼きでも出しておけばいいんです。綺麗にお皿に盛りつければ、ムカつきながら作ったものより、相手も喜ぶかもしれません。**そうやって捧げる時間を少なくして、自分の時間をつくる。お金も時間も、自分のために使ってみましょう。**　あなたも私の友だちも、尽くしすぎ、アンド、立派な自分でいようとしすぎているんですよ。立派というか、理想の自分ね。

一回、ダメな自分になってみましょう。で、どっちが心地いいか考えてみましょう。例えば一週間ずっと「買ってきたおかず祭」してもいいし、プチ家出でもいい。ダンナと猫の面倒をあれこれ見るのをやめて、散歩とか、映画を観に行ったりとかもしてみましょう。今、コロナだから気をつけながらね。

どうやってつくるもなにもね、つくっちゃったもん勝ちですよ、自分の時間なんて。ちょっとぐらい窓ガラスが曇っていてもいいし、トイレに「さぼったリング」ができていてもいいの。

ずぼらな自分を許す。例えばね、洗濯したら、干したところとか乾燥機から下着をとって着ても大丈夫なの。実は私、体力的につらくなってきた二年ぐらい前に、そういうルールを作ったんです。もうね、畳んで棚に入れないわけ。そこから着てまた洗濯して、同じものを繰り返し着るからすぐボロボロになる。そうしたら処分すればいいんです。下着の数も減らせます。

ごはんにしても、欧米の家庭の晩ごはんって一皿か、せいぜいプラスサラダくらいですよね。日本の料亭並の家庭ごはんみたいにゴチャゴチャ作らない。そこで、ちょっと足りないから卵焼きでも作ろうか……とか思うから疲れちゃうのよ。**四十歳、五十歳過ぎたらね、おかずの数は減らす。**お料理家の土井《どい》善晴《よしはる》先生もおかず一品とお味噌汁でいいって言っていることですし、そろそろ一回リセットしないと、これからどんどん、家事をやるのがつらくなりますから。

マンガで流行った『やめてみた。』じゃないけど、意外に、**やめても大丈夫なことって多い。きちんとしすぎない、ずぼらな自分を許す。あと、ダンナの面倒を見ない自分を許す。軸を自分に戻しましょう。**

自分からいろいろ抱え込んで「私だけが忙しい、大変だ」って言っている人は、

「あ～、私、一回やめるから（にっこり）。あとお願いね」って周りに言ってみるといいんです。そういうことを言えない教育を受けてきちゃったんですね、日本の女性は。今は主婦だってパートしたりして働かなきゃいけないのに、いまだにその呪いに縛られている。でも、そんなことしていたら疲れて過労死する……というか、その前に心が疲れて病んじゃいますから。そろそろ**「ずぼら宣言」、しちゃいましょう！**

今はまた、コロナで心身ともにみなさん疲れています。疲れって甘く見てはいけません。ご自分を大切に。

追伸

もう、旦那さんをかわいい「猫ちゃん」として飼うつもり作戦もありますけどね（笑）。

最近、ドキドキワクワクすることが見つからない

ドキドキワクワクすることが見つかりません。このまま老けていくことを考えると何かしなくてはと思いますが、何をすればいいのかもわかりません。

（五十六歳・パート／アルバイト・東京都）

私はたまたま五十歳過ぎてからハマった日本のバンドでちょっとワクワクしていた時期があったんですが、実はコロナ禍になってから、あなたとまったく同じ状況になっていました。だからお気持ち、すごくよくわかります。

若い人は、何をやっても面白いと思うんですよ。幼稚園の子って虫を見ても電車を見ても面白がっているじゃないですか。中学生とか高校生の頃は、何か新しいものに

出会えばワクワクするし、恋愛対象を見つけてドキドキしたり、アイドルにハマったりもする。

だけどやっぱり、**歳をとるということは経験を重ねるということですからね。**経験を重ねていくというのはいいことでもあるけど、何を見ても「あ、これ知ってる」みたいに思っちゃうじゃないですか。ファッションもそうだと思うんですよ。今はまた九〇年代風が流行っていますけど、大人はもう経験してしまっているから、パッと見て「ああ、これ持ってるわ」ってなっちゃう。

だから、ワクワクドキドキが減ったというのはあなただけじゃない。みんなそうなんです。この歳になると恋愛のチャンスも少なくなってくるし、本当にワクワクすること自体がないですよね。特にあなたは東京在住でしょ？　コロナ禍で厳しい自粛生活だったから行動がすごく狭まって、家にいることが増えて、テレビ番組やNetflixでさえコロナの影響であんまり更新されない。そうなると、新しいことに出会う機会も当然減っちゃうわけで。

きっとあなたは「ワクワクできない」ことに焦っていると思うんです。でも、焦らなくていいんです。みんなそうだから。年齢のせいだけじゃなくて、今は実際、そういう時代だから。せいぜいワクチンにドキドキするぐらいしかない（笑）。

だから私の場合はね、ワクワクの対象をすごく小さくしちゃったんです。例えば今だったら、ヒヤシンスの球根の成長が楽しみ。今朝見たら、ヒヤシンスの葉っぱがグイ～ン！　ってすごく伸びていてうれしか

どこにあるんだろう…
ワクワク
ドキドキ
てんとう虫♪♪

ったの。いつもよりちょっと高い高級中国茶を買って、ちょっと丁寧に淹《い》れてみるとかね。まあ老後の楽しみみたいなものですけど、老後の練習だと思って。

それとも、例えば新発売のアロマとか香水とかを買ってみる。マスクで口紅が見えづらいから、今まで口紅を買っていたぶん、違う方向に投資してみるんです。新色のネイル買っちゃうとか。そんなふうに、**今まで経験したことがない〝未開発部門〟にお金を使ってみると、気持ちが上がります。**すごくブワっと上がるんじゃなくて、ちょっと上がる。それが、老けないコツです。

もしかしたら今のこの状況はひどい曇り空だけれど、また雨がやんで雲間が割れてピカ〜っと太陽が差し込むかもしれないし、まだとうぶん曇りかもしれない。今はとにかくそういうときなので、**小さな楽しみの積み重ねで乗り切りましょう。**全部シャットダウンしちゃうと本当に老け込んでしまうから、**小さなことで、「ちょっと心が動く癖」をつけておく。**

これまでは時代も自分も、外に気持ちが向いていたと思うんですよ。キラキラしたものを探して。それで引き続き、今も何か大きいワクワクドキドキを求めているんだと思うの。でももう、**でっかいワクワクは狙わない！** 小さい「ワク」ぐらいでいいから、それを身のまわりで見つけていきましょう。

コロナで人と食事ができない今、毎日一人で食事をするのがつらい……

一人暮らしで、毎日一人で食事をするのがつらいです。今までは、いつでも誰かと食事ができたので、一人で食事をすることが好きだったのに、コロナ禍の状況で人と食事ができないとなったら、一人が非常につらくなってしまいました。（五十六歳・会社員・東京都）

一人暮らしで毎日一人で食事……つらいですね。

私もいま一人暮らしですが、コロナの前は外で人とごはん、食べまくっていました。仕事の打ち合わせのあとに「ちょっと寄っていきません？」なんて誘い合って、週に一、二回は外食していたのに、それが今はまったくなくなった。

あなたと同じように、以前は私もわりと一人でいるのが好きだったんです。一人で食事することが平気だったし、普通に一人で焼肉屋でも寿司屋《すしや》のカウンターでも行っちゃうタイプだったのに、コロナ禍のせいでほとんど人と食事ができなくなると、それはやっぱりさびしい。もう食事を作るのにも飽きちゃったしね。**あなたもつらいけども、私もつらいです、はい。もうこれはお悩み解決、というより完全に共感しかない（笑）。**

でも今、若い息子と住んでいる私の友だちは、感染するのが怖いから一緒にごはんを食べないんですって。そういうふうに、家族と別々にご飯を食べているという話をよく聞きます。若い子は行動的だし、無症状ってこともありますからね。こうなってくると、一人も家族も関係ない。

それによく考えたら、昭和の時代はそんなに外食していませんでしたよね。家族で家で食事するのがあたりまえ。まあ、あの頃はそこにお誕生会とか少しずつでもイベントがあったけど、今はそれすらないから、ますますつらいんですけど……。

基本的に、人間って一人。だから今はちょっと、一人でいる気持ちを味わう「ひとり強化期間」だと思いましょう。**おひとりさまあたりまえ時代です。**

コロナ前、日本は女性が一人で飲食店に入りづらかったり、一人で食べていると恥ずかしいみたいに思う人も多かったと思いますけど、今は「おひとりさま上等時代」。だから、コロナ禍で人と食事できなかったら、これを機会に一人でお店に行ってみるのもいいかも。時間も短くて済むし感染リスクも少ないし。ちゃんと感染対策をしているお店を選んでくださいね。

とはいえ私はこの頃、あまりにもつまらないので、ご飯はごく簡単に済ませて、友だち二人とか三人でＬＩＮＥのグループ通話でおしゃべりしながらお茶を飲んだり、

ハハハハ♪
ほんとにぃ〜?
あーで
こーで
そーなのよぉ

お酒を飲む、というのを一カ月に一回か二回はやっています。みんなつらいから「つらいよね〜」って言い合うの(笑)。

別に画面に顔出さなくてもいいんです。私たちも最初は顔を見ながらやっていたんだけど、メイクもしてないし、ジャージ着てるし(笑)、もう面倒くさいから、この頃は画面切っておしゃべりだけ。スマホを立てかけてスピーカーにして、「ちょっとお手洗い行ってくるね」とか、気楽でいいじゃないですか。Netflix、今は何が面白いとか、私はゾンビものの「デッドマン・ウォーキング」にハマって全シリーズ観ちゃったとか、そういう話をして乗り切っています。

だからあなたも、もしそういうお友だちがいたらやってみてください、LINEお茶会、LINEお食事会。あらかじめ一時間とか一時間半とか、時間は決めておいたほうがいいですよ。帰らなきゃいけない時間とか終電がない分、長くなりがちだから。

それにあんまり楽しく盛り上がっちゃってもあとがつらいから、軽くね。「明日、私仕事だからもう抜けま〜す」とかもOK。**ちょっと話し足りないな、ぐらいにしておくと、「またね！」って次につながります。**

「まだ若いよ！」などという社交辞令にはどう返せば？

昔と変わらないね！　や、まだ若いよ！　などの言葉になんと返していいかわからないです。社交辞令なので、ありがとう！　や、そんなことないよー！　と返しますがモヤっとしています。何かしっくりくる答え方、ありますか？

（四十六歳・専業主婦・青森県）

この「モヤっとする」感じも、よくわかります。あなたはまだ四十六歳だからそんなにないかもしれないけれど、五十歳を過ぎて人生を折り返すと、人には言われなくても自分自身では感じている肌や髪や身体の衰え、いろいろ出てきます。

でも、あなたはそこのところをうまく、人にはわからないようにメンテナンスしているわけなので、だから人は、あなたをほめる意味でいろいろ言ってくるのだと思います。**「そんなことないよ」はもうやめて、自信をもって「ありがとう～、これからこの調子で努力するわ！」って明るく答えればいいんです。**そしてそのまま美しい五十代に突入しましょう。そう、**モヤっとしている暇があったらハンドクリームでも塗りましょう！**

わけもなくイライラ、やる気が出ない。気持ちが不安定……

更年期にはまだ早いと言われますが、わけもなくイライラしたり、やる気が出なかったりと、気持ちが不安定になりがちです。どう向き合ったらいいのかわかりません。

（四十四歳・専業主婦・福岡県）

更年期世代は、そういうメンタルの不調も出がちですよね。落ち込んだりやる気が出なかったり……わかります。更年期はとうに過ぎて、落ち着いたはずの私も、今まさにそうです。それはきっと、今のこの、わけのわからない世の中の状況が影響しているせいだと思うんですよね。

更年期が原因のこともあるし、低気圧とかお天気にも女性はすごく影響されやすいし。**はっきり言って、気持ちが不安定になる原因だらけですよ。**「でも、そんなの気分の問題よ」とか言われても、気分が悪いときは悪いんです！

そんなとき私は、さっと寝ちゃうか、お風呂に入っちゃいます。暖かい季節なら、朝からシャワーを浴びたりもします。寝るときは、洗濯したてのきれいなシーツで、枕カバーもきれいなものに替えて寝る。パジャマも一回着たら洗濯して、毎日洗いたてのものを着る。そうすると、気分がかなりリセットされます。**自分についている〝負の感情〟みたいなものを、そっちに移して洗い落としちゃう。私なりのお清め行為ですね。自分を～お清め！　です。**

それから、これは体質によって効く、効かないがあるみたいだけれど、悩んだときには、ヘンプ（麻の茎や種子）から抽出した合法のオイル、ＣＢＤオイルを舌下にちょっと垂らすと心が穏やかになるようです。あとは、呼吸も大事。**気持ちがイライラしているときは呼吸も浅くなりがち。まず深呼吸してみましょう。**新鮮な酸素を身体と頭に取り込んでスッキリ！

それから、自分の好きな場所……例えば、**カフェとか公園とか、お気に入りのスポットに行くと、落ちていた気持ちがかなり上がります。**嫌でなかったら、やる気のある友だちと話したり会ったりすると、ちょっと元気をもらえることもあります。

まあ、それだけやってもだめだったら、おうちに帰ってお風呂入って早く寝ちゃいましょう（笑）。

でも、繰り返しますけど、今はみんなそんな気分のときなんだと思います。みんな不安定だし、そういう世の中のムードに過敏に反応しちゃっているんだと思うの。あなたはまだ四十四歳、若いんだから大丈夫。そんなときもある、と気楽に考えて今このときをやり過ごしましょう。

五十代の時期にやっておいたほうがいいこととは？

五十代に入りましたが、この時期にやっておいたほうがいいこと、地曳さんがやっておけば良かったと思っていることなどあれば教えてください。

（五十一歳・専業主婦・東京都）

五十代でやるべきこと。**まず保湿ですよ、保湿。一に保湿、二に保湿。三、四がなくて五に保湿！**

私はわりと肌質に恵まれていたので、五十歳になるまでボディクリームってほとんど塗っていなかったんです。**でも、五十歳過ぎたら乾く乾く。**女性ホルモンが激減したためか、本当に乾きまくります。**身体が砂漠化。**乾くとシミも浮き出てくる気が！だから、五十代になったら顔だけじゃなく、ボディクリームも塗りまくってください。

顔を保湿するときは首にも塗りまくってください。首までがあなたの顔です。

それから、歯を直しておくこと。歯のクリーニングをすること。今、悪いところがなくても、少なくとも三、四カ月か半年に一度は、歯科検診とクリーニングをしてください。自分で歯を磨くのには限界がありますから。私はサボっていたために、五十代後半から歯がどんどん悪くなり、前歯を二本もインプラントにする羽目に。バーキンバッグ以上の散財です（涙）。

このふたつを五十代で習慣づけておくと、そのあとが全然違います。私は本当にそれをやっておけば良かったと後悔しているので。

実は、昨年末クリスマスプレゼントに化粧品をいっぱいいただいたので、いつもの三倍以上、顔にも首にも体にも塗りまくったんです。もうね、ここぞとばかりにガンガン。おかげで、ちょっと劣化していた肌がばっちり復活しました。**大事なのは保湿。「保湿はあなたを救う」です。**

昔から華やかな生活を送っています。
私はお気楽のままでいいのでしょうか？

私は昔から華やかなライフスタイルを送っています。ですが、将来を考えると「いつまでもこの生活でいいの？」「私ってお気楽すぎるのでは？」と考えてしまいます。それに、私は背が高いので、洋服は着こなせるし、小綺麗にしているので華やかに見えます。でも、それは本当の自分ではないと思います。みんなともっと真面目な話がしたいけど、みんなもお気楽です。このままでいいんでしょうか？

（四十二歳・会社員・東京都）

なんですか、この贅沢なお悩みは……。もうこんなお悩み、反対側の人から見たら

嫌味でしかないですよ！　あなたは、パリス・ヒルトンですか？（笑）

　いま現在、具体的な問題がないのに、いくら悩んだって仕方ないじゃないですか。**お気楽人生、最高！　今のままで大丈夫です。このまま突き進んでください（笑）。**私もあなたの年齢くらいのときはそうでしたけど、還暦過ぎても楽しく過ごしています。きっと今のあなたは、仕事も落ち着いてきてお金も体力もあって、絶頂期なんです。

　でも……**人生すべていいことと悪いことは表裏でセット。**心配しなくても不幸は向こうからやってきます（笑）。『ババアはツラいよ！　55歳からの「人生エベレスト期」サバイバルＢＯＯＫ』（集英社文庫）でも書かせていただいたんですが、五十代、六十代と年齢を重ねていくと、親の介護とか現実的な問題がいろいろ出てくる。**嫌でも真面目に対処していかないといけなくなるんです。**

　まず、おしゃれから不調が始まります。いくら小綺麗にしていても、身長が高くても……不思議とこれまで着ていた服が急に似合わなくなります。〝キツい、重い、かたい〟にも堪えられなくなる（笑）。さらに、**おしゃれ以前にやる気スイッチが入らなくなってきます。**仕事やプライベートでも求められることが変わってきたりして、これまで通りにはいかなくなるんです。もうね、それは根性でなんとかなるレベルを超えた、大きな山ですよ。まさに人生のエベレスト期。シリアスムーンライトツアーの始まりです。

それを乗り切る秘訣《ひけつ》のひとつは、今のうちにお気楽パワーを溜め込むこと。「お気楽上等！」で思いっきり楽しんでください。

するとね、**将来、現実的な問題にぶち当たって暗くなっても「そうだ、私はお気楽な人間だったんだ」と思って、気持ちが楽になります。**たとえば、親の病院に行った帰りとか、憂鬱な気持ちになっていても「せっかくだから、あそこのホテルで二千円のお茶を飲んじゃおう」とか、仕事でいっぱいいっぱいになっても「次の休みは温泉にでも行ってリフレッシュするか」とか、**お気楽スイッチをオンにして、うまく自分**

の機嫌を取れるようになる。

それに、**お友だちもお気楽なのは、「類は友を呼ぶ」だからです。**みんな決して、地に足がついていないわけではないと思いますよ。**みんなお気楽だったけど、いろんな問題にぶち当たる。**今は浮いた話で盛り上がる仲でも、重〜い不幸話をし合うようになります（笑）。

『ババアはツラいよ！　55歳からの「人生エベレスト期」サバイバルBOOK』には、他にもクライシスの傾向と対策が書かれていますので、そのときがきたらぜひお読みください（笑）。

年相応のモノサシ、目安として、どんなことを意識したらいい？

ずっと独身できました。子どももおらず、環境の変化にとぼしいので、年相応というものに少し鈍いところがあるかもと自覚しております。年相応のモノサシ、目安として、どんなことを意識したらいいでしょうか。

（四十六歳・会社員・福岡県）

はっきり言って、今の時代「年相応」なんてものはありません。昔は何歳になったらこれをして、これを着て、というわかりやすい基準がありました。だけど、今回のコロナ禍で世間のルールと一緒にそういう他のルールも崩壊したんです。

これからは、年相応じゃなくて自分相応！　自分軸で生きていきましょう。あなたが「いいな」と思ったことをやって、取り入れていけばいいんです。**おしゃれも、あなたが上がるものを選んで、いまの時代にシンクロした着こなしや、メイク術を取り入れればいいんです。**

たしかに、作られたモノサシに沿うほうが案外楽かもしれません。だけど、あなたは「年相応」という言葉にポジティブなイメージはありますか？

二十代、三十代の成長段階の人たちにとっては、「年相応の腕時計を買おう」とか「高級バッグを買おう」って、「年相応」という言葉がプラスに使われることが多いです。だけど、**四十歳過ぎたら成長じゃなくて老化（笑）**。途端に「年相応に落ち着かないと」とか「派手なものは避けないと」って、ネガティブな使い方に変わります。

四十歳過ぎたら顔も着ているものも自分の責任です。五十歳を過ぎて同窓会に行ったら、同い年のはずなのに、男も女も見た目だけで十歳以上違って見えますよ。それって結局、自分らしく生きているかどうかの差だと思うんですよね。**自分軸を持って毎日をご機嫌に生きている人は表情が明るい。逆に、年相応を意識しすぎて縮こまっちゃっている人はどことなく表情も暗いもの。**

それに、この歳になって思うんですけど、人にはそれぞれ、然るべき時期があります。**百人が百人同じタイミングでライフステージを上がっていくわけじゃない。**歩幅というのは人それぞれで、それを周りに合わせようとするところから不幸が始まるんだと思います。

年上の親しい人が次々と亡くなり、寂しさが身に染みる

お世話になった年上の人が次々と亡くなり、寂しさが身に染みてきます。年下の後輩やお友だちもいますが、やはり相談事は年上の人にしたいことが多いです。どのように対処したらいいでしょうか。

(五十四歳・会社員・東京都)

本当にそろそろ、そういう年代なんですよね。

相談できる人が近くにいるのはいいことなんだけど、急にその相手が亡くなってしまうと本当に寂しいです。正直、私も親を送ったときより、ちょっと年上の親しくしてくれていた人を送るほうが精神的にすごくきつかった。特にこの一、二年間すごく

多かったんですが、コロナ禍だからお葬式にも行けなくて……。
でも、これって仕方ないと思うんです。人間はいつか亡くなるし、生きている限り必ず誰かを見送らないといけない立場になります。**あなただけじゃない。みんな身に染みるほど寂しい思いをしているんです。そういうもの、人類の宿命だと思って受け入れるしかありません。**

だからこそ、**これからは「会いたい」と思ったら、ガンガン会っていきましょう。**もちろん、コロナ対策を万全にして。「いつでも会える」と思って、つい目の前のことばかりに追われてなかなか会っていない人がいるでしょう。でも、人はいつなにがあるかわからない。自分だってわからない。**だから会おうと思ったら迷わずにすぐに会う！　これが私がコロナ禍で得た教訓です。**

年下に相談するのも悪くないですよ。ちょっと抵抗があるかもしれませんが、今までのような相談事を若い子にしてみると、面白い答えが返ってきます。いい意味で若い子のほうがお気楽なんですね。歳を重ねるといろいろと重くなってくるけど（笑）、若い子にはそういうのがないから「え？　なんでそんなことで悩んでるんすか？　こうすればいいじゃないですか。一緒に楽しい映画でも観に行きましょうよ」って。

この間も、親子くらい歳が離れている子に「私はこのままでいいんだろうか？」と聞いたら、「なに言ってるんですか、いく子さんはこのまま図に乗って生きてってください」って言われちゃいました（笑）。そのとき、すごく気持ちが楽になったんですね。**相談事って結局、一番の目的は自分の気持ちを楽にすることだから、別に年下の子だからダメってことはないと思うんです。**

それに、年上の方のアドバイスとは違って、年下の子って今の時代の子だから、今のやり方で考えるんですね。「今はそうじゃないですよ」ってはっきり言われる。それって自分が今の時代にアップデートできるチャンスでもあります。

それと……あなたは五十四歳でまだまだ若いですけど、**そろそろ年下の相談に乗る**

番なのではないでしょうか？

五十歳って役割が変わる歳だと思うんです。**半世紀以上生きてきて身に付けたスキルや経験を年下のために使う。**年配の方々が私たちにしてくれたように、今度は私たちが年下に同じことをしてあげるんです。

だから、悩んでいる子がいたら「どうかした？　私でよければ話を聞くよ」って声をかけてあげましょう。**でも、「説教」になったらダメですよ。「老害」になっちゃいますから（笑）。**

若い世代とも交流してお互いに助け合って生きる。もちろんお子さんとでもいいですよ。**それが「人生を重く考えがち」な私たちのサバイバル法です！**

周りの人の幸せが素直に喜べずに、自己嫌悪に陥ってしまう

周りの人の幸せが素直に喜べないときがあります。そのあと必ず自己嫌悪に陥ってしまいます。どうしたらこの気持ちとうまく付き合えるのでしょうか？

（二十六歳・その他・京都府）

その気持ち、すっごくわかります！（笑）

私だって他人の幸せを喜べないときがありますよ。

例えば、インスタとかツイッターって〝私はこんなに幸せなんです～〟の投稿が多いでしょう？　自分もハッピーなときだったらいいけど、そうじゃないときは「うっ……」と精神的にダメージを負うので、そういうときは心の中で（幸せそうですね。

良かったですね）と言って即ミュートにしちゃいます（笑）。**そのハッピー感に、私は今ついていけません。はいミュート。**

　私の経験上、周りの人の幸せが喜べないときは自分の中で不安な気持ちがあったり、疲れていたりして心身が不調なんですね。だからそういうときは自己嫌悪に陥らないで自分を許してあげましょう。「あ、私、今疲れてるんだな」って。で、ＳＮＳは一切見ない！

　モヤモヤして負の感情が止まらなくなっても「あら～、私って本当に嫉妬深いのね～」ってサラリと流して、決して自分を責めない！「他人の不幸は蜜の味」っていう言葉があるくらいですから、裏を返せば**他人の幸せが喜べないのは、人間本来のありのままの自然な姿なんです。**

　白雪姫の継母みたいに嫉妬して、義理の娘に毒リンゴを食べさせなければ大丈夫です（笑）。

「宝くじが当たった！」とか「すっごいいい男と結婚した！」とか、そういうビッグな幸せはみんな人に言いたいんですよ。

でも、**その幸せな人だって裏では大変なことがあって、幸せな部分だけ見せているんです。**

話は変わりますけど、この間バスで移動しているときに窓から虹を見たんですよ。その虹には私しか気付いていなくて。そのときに「幸せって虹みたいなものだな」って思ったんです。**そこにあっても気付く人と気付かない人がいる。**そういうのに気付いて「綺麗だなぁ」と思うことが増えれば、自分自身がハッピーになる。すると自然に周りの人の幸せも心から「よかったね」と思えるようになります。

お茶がすごく美味《おい》しかったとか月が綺麗だったとか、そういう**日常の小さな幸せを大事にしてミルフィーユしましょう。そうすればいつか大きなケーキになっていきます。**

認知症の母の介護について。どうしてあげるのが母にとって幸せ？

認知症の母親の介護についてです。どうしてあげるのが母親にとって幸せなのか、わからなくなっています。

（六十二歳・パート／アルバイト・兵庫県）

私も親の介護をしました。

最後は認知症になった母に「あなたは娘のいく子じゃない！」と全否定されて、涙ぐんだことも……。

ただ、私の母の場合、認知症と言っても常に症状が出ているわけではなくて、たまに親戚が来たりすると、その瞬間だけはしっかりするんですね。

だから親戚からは「いく子ちゃんって本当に大袈裟ね！　お母さん、全然普通じゃないの！」と、なぜか私が責められて悔しい思いをしたりすることもありました。

実際に介護をしているときは気付かなかったんですけど、**きっとあの頃は私自身が弱っていく母を認めたくなかったんです。**料理も掃除もなんでも出来て、しっかりしていた母がどんどん変わっていったのがショックで……。そういう母を見ているのがすごく嫌でした。

それに自分の親であるからこそ、「いつかは自分もそうなるんじゃないか」という恐怖心もありました。

……で、**認知症っていうのはある意味、もう違う人間、違う人生を歩んでいるんです。**お母さんもまったく違う人間になっていると思って、昔のお母さんの姿を重ねないほうが、自分も楽だし、お母さんのためでもあると思います。

もう親子の立場が逆転していると思って、〝お母さん〟ではなくて〝小さい娘〟として見ましょう。

小さい子どもがいる家に、石油ストーブやガスコンロなど、火事になる元があったり、危険なものが手に届くところにあったら危ないですよね。だからオール電化にして火事のリスクを回避したり、危ないものは厳重にしまったりして物理的な危険から守ってあげましょう。

「あれは何？　これは何？」としつこく聞かれたり、「ああじゃない！　こうじゃない！」と、**ガミガミ言われることもあると思いますけど、絶対に逆らわない。**あなたも小さい頃は、お母さんに「あれはなんていうの？　これはなんていうの？」「ああして！　こうして！」と言っていたはずなんです。

本人はもうわかってないんだから、否定しないほうがいいし、否定したところで自分が悲しくなるだけですから。

ところで、あなたは私と同い年だから、あなたのお母さんもギリ戦争を経験している世代ではないでしょうか？　だとしたら、**調子がいいときがあれば、一緒に温泉やエステなど、いろいろなところに連れて行ってあげてください。**お母さんが、娘時代にできなかったことを体験させてあげるんです。外に出るのが難しかったら、ちょっと高級なケーキや花を買って帰ったりして**お母さんに〝おもてなし〟をしてあげてください。そうすれば、お母さんは幸せだし、あなたも幸せ。**

最後に。

介護で一番重要なのは、まず自分自身を大切にすることです。

あなたにも自分の人生があっていろいろなことを抱えている中で、お母さんを想《おも》う気持ちは素晴らしいと思います。だけど、無理をしすぎて不調が出てしまったら元も子もありませんから、出来る限りの範囲内でやってあげてくださいね。

毒親から解放されたい。また、毒親に育てられたせいで自分の子どもの育て方がわからない

毒親から心身ともに解放されるには、物理的に離れる以外にどうしたらいいですか？　それと、私自身が親から抑圧され、親の希望通りに育てられてきたので、私が親の立場になった今、自分の子どもをどうやって育てていいのかがわかりません。「型にはめてはいけない」と思いつつ、最低限の躾《しつけ》はしなければいけないし……。どこまでが躾で、どこからが虐待なのか、線引きがわかりません。

（三十九歳・自由業・長野県）

まず、お子さんに対して。

簡単です。**自分がされて嫌だったことはしなければいい**。逆に、**されて嬉しかったことをすればいいだけ**。そこは〝毒親〟に育てられたあなたが一番よくわかっているでしょう。

そもそも、そうやって「躾をしなければいけない」とか、お子さんをコントロールしようとしている時点であなたも毒親に片足を突っ込んでいます！

子どもに本当に必要なのは、お礼を言うとか悪いことをしたら謝るとか、躾というか人として大切な部分を小学校に入る前までに教えることだと思います。それ以降はもうその子の個性で一人の人間なので、極端な話、犯罪さえ起こさなければ大丈夫！（笑）

私も小学生の頃まではよく親に言われていました。「自分がされて嫌なことは、他人にはするな」って（今でも意図的にやっちゃうこともありますが。笑）。

あとね、**子どもってあまりに躾とかコントロールしようとすると、あなたみたいに**

考えられない人間になっちゃう。それが一番怖いです。あなたは親御さんに言われた通りにしてきた結果、今こうやって何が良くて何がいけないのか自分では考えられなくなっているんですよね。

同じことをお子さんにしたら、あなたと同じようになるかもしれない。負のループです。

人間、誰でも人から言われたことだけをやるほうが簡単なんです。でも後々のことを考えたら少しくらい失敗してでも、**自分で考えて行動できる力をつけさせたほうが、生涯を通して見たらその子のためになります。**どうしたって親のほうが先に亡くなるんですから。

うちの場合、何事も自分で考えるように育てられました。勉強も強制されたことはありません。「あなたが勉強しなくて馬鹿になっても、後々困るのはあなたでしょう」って。まー、あまりにも自分で考えさせられすぎたせいで、今の私みたいなのが出来上がっちゃったんですけど（笑）。

「自分も毒親になっているかも……」と自覚がある分、まだ大丈夫ですよ。本当の毒親だったら「この子のためにやってあげているのに！」「こんなにしてあげているのに！」としか思いませんからね。

それと、親御さんから心身ともに解放されたいということですが、まず、**一緒に暮らしているのだとしたら、身体的には物理的に離れる以外に解決法はないと思います。**同居していないなら、極力連絡をしないとかできますが。いくら親とかきょうだいでも合わない人は合わないですからね。

次に心理的な部分ですが、あなたはもうダブル二十歳になるのに、まだ子ども時代に受けた躾の呪いを引《ひ》き摺《ず》っているんですよね。**だったら、もう今から自分で自分の躾をし直しちゃいましょう！（笑）**

片っ端からお稽古事をして、その道の先生たちにビシバシ怒られてください（笑）。「ちゃんと正座をしなさい！」とか「もっと字を綺麗に書きなさい！」とか、それこそマナー教室にでも通って、箸の上げ下ろしから躾され直されましょう！（笑）

そうすれば、あなたのためにもなるし、お子さんへの「躾をしたい欲求」も解消されるし、親御さんからの呪いからも解放されて一石三鳥です。いや、そんな好奇心旺盛で逞《たくま》しい母親の姿を見れば、お子さんにもいい影響があって、一石四鳥になるかもしれません（笑）。

悩めるBBAの駆け込み寺!?

テンション爆上がりスポット5＋1選

何かとハードな世の中、コロナ以前のようにパァーっとした楽しみが少なくなってきたような気がします(例えば可愛がっていた姪の結婚式が規模縮小で呼ばれなかったこととか、久々の同窓会だったのに幹事がビビって中止とか)。「遊びをせんとや生まれけん」の私でさえ、基本地味な生活になってしまいました。

でも「人生は意外と短い」。ここ数年で同年代の友人知人が立て続けに何人も亡くなり、そのたびに人生は終わりが読めないことを実感しました。

そこで！　ご予算一万円以内でちょっとでも気持ちが上がるハッピーパワースポットを探しに行くことにしました。私が独断で選んだハッピーパワースポットです。今回は東京編と鎌倉編ですが、もしリクエストをいただけたら、また他の地方にもハッピーパワースポットを見つけに行きますね。

―東京編―

都心から最も近い温泉旅館で
日々の疲れを癒す！

由《ゆ》縁《えん》別邸 代《だい》田《た》

Information
東京都世田谷区
代田2-31-26
☎03-5431-3101

小田急線世田谷代田駅から、徒歩一分のところにある温泉旅館「由縁別邸 代田」。日々のゴタゴタを一瞬で忘れて、心底リラックスできる場所です。本当に世田谷代田駅から戸惑うほど近すぎてびっくりしました。

まず、ここは箱根の山の中？ と見まごうばかりの素敵な入口をくぐると、別世界、センスのいいインテリアと感じのいいスタッフが出迎えてくれます。玄関のお花のあしらいや、館内に広がるアロマの香りなど、そこかしこにセンスの良さと気配りが感じられます。もちろん肝心のお風呂も最高です。

シンプルな落ち着くインテリアで程よく暗い照明、お湯の湯触りも良くて内風呂の湯船から見える緑や、気持ちのいい風が通り抜ける露天風呂など五感からくつろげます。静かにアンビエントミュージックが流れる女性用ミストサウナは暗めの照明でアロマの香りも。一人で入れば瞑想状態になれるほどでした。更衣室には給水器もありますし、アメニティも充実していて、本当に手ぶらで行けちゃいます。

閑静な場所にあるのでゆっくり温泉を楽しめます。この暖簾をくぐればそこには別世界が！

更衣室を出たラウンジには、二種類の小さなアイスが用意されていますが、調子に乗って食べすぎないようにしなければいけないのが、この温泉の唯一の難点です。

宿泊できたら最高なのですけど、近くにお住まいの方でしたら日帰りプランで仕事前後にサクッとリフレッシュするという使い方も出来ます。私が利用するのは、入浴とランチがセットになった日帰りプラン（客室利用なし）です。温泉にゆっくり浸かって、美味しい割烹《かっぽう》ランチを堪能《たんのう》して五千円ちょっと（お酒を一杯飲んでも六千円くらい）。お手ごろ価格で〝非日常〟のプチトリップ気分が味わえます。女性は入館時に化粧水セットももらえてなんだかちょっと嬉しくなりました。

この日の割烹ランチは４種類から選べました。私が選んだのは石焼ステーキ。ちょうどいい量で、お肉も野菜も美味しかったです。

嫌な気持ち、邪気を吹き飛ばせ！

東京シティビュー＆スカイデッキ

六本木ヒルズ森タワー五十二階にあるガラス張りの展望台、ここの窓越しに見る東京の景色は箱庭かスノードームのようにすべて小さく、人も車もおもちゃに見えます。人なんか本当にアリンコです（笑）。小さな車や人間を眺めていると なんだか優しい気持ちになります。仕事で行き詰まったり、嫌なことがあったりすると私は一人でここに登ります。そうです、煙といく子は高いところに登りたがるのです。

高層階から地上を見下ろすと、まるで〝天上人〟にでもなった気分（笑）で、悩んでいたことが小さくてバカバカしいことに思えてきます。特に、私は地下深

Information

東京都港区六本木
6-10-1
六本木ヒルズ森タワー
☎03-6406-6652

この景色を見たら悩みも吹き飛びます。

くにつくられた地下鉄大江戸線六本木駅から行くことが多いので、地下世界から天上界に一気に駆け上る快感はもう格別です。さらに、おすすめなのはプラス五百円して大空と風を体感できる屋上に上る屋外展望台「スカイデッキ」に行くこと！「由縁別邸 代田」が瞑想だとすると、スカイデッキは浄化。天上に吹いてくる風で自分の嫌な気持ちや、邪気を吹き飛ばしてくれる気がします。

展望台でリセットしたあとに

THE SUN& THE MOON (Restaurant)

特別な日には五十二階にある「THE SUN & THE MOON（Restaurant）」にも寄ります。軽く一杯飲んだり、じっくりお料理を味わったり。誰かのお誕生日などスペシャルな日にはぜひアフタヌーンティーを！　ノンアルコールはフリードリンクで二時間制です。高層階から眺める景色と丁寧に淹れられた美味しいお茶と美しいお菓子でハッ

この日は「―Forest 2022―」仕様になっていました。素晴らしい眺めとともに最高の贅沢をどうぞ。

Information

東京都港区六本木
6-10-1
六本木ヒルズ森タワー
52F
☎03-3470-0052

ピーな時間を過ごせます。事前に予約してからいらっしゃることをお勧めします。

都心ながら遠くに出かけたように気持ちがリセットされるので、ぜひ、手前で紹介した展望台だけでもいらしてください。夜景や夕日の時間もおすすめです。

買い物の合間や歌舞伎の帰りに
〝大人のちょっと上げ〟

ラデュレ　銀座店

Information
東京都中央区
銀座4-6-16
銀座三越 2F
☎03-3563-2120（直通）

買い物の合間や外で食事した帰り、歌舞伎（この頃は三階の五千円席で観ています。笑）を観終わった後の休憩時の〝大人のちょっと上げ〟にすごく最適な場所です。

お友だちとハマっているのが、ここでグラスシャンパンと好きなマカロンを二個選べるセットを頼むこと。以前は、ケーキなんて何個でもペロリと食べられたのですが、今は一人一個ですら厳しいと感じるお年頃なので（笑）、マカロン二個くらいがちょうどいいんです。

銀座四丁目あたりは、実家があった築地から歩いてすぐの場所で幼い頃からよく父と一緒にネオンを見に来ていました。風景はだいぶ変わったけど、このあたりに来ると今でも自分の原点に戻った気持ちになります。

銀座の真ん中でマリー・アントワネット気分。「ケーキが無理ならマカロンとシャンパンをいただくがよい」byいく子

以上、東京のおすすめスポットです。遠方の方はいらっしゃるときに、ぜひスケジュールに入れて行ってみてください！

鎌倉編

私が幼いころ、鵠沼《くげぬま》（藤沢市）に親戚の叔母一家が住んでいました。私が悪さをするとその家に強制的に躾のために送られていたので（叔母は躾の鬼でした。今では感謝しています）、実は藤沢～鎌倉あたりも馴染みのある場所。それに、中学時代からの友だちが東京から鎌倉に移り住むようになったので、鎌倉にはかなり頻繁に行っています。

潮風を浴びながら新鮮な食材を使ったお料理を

Rich Life

Information

神奈川県鎌倉市
材木座6-4-4
☎050-3555-0614

「Rich Life」は海のすぐそばにある小さいお店ですが、鎌倉の食材をうまく使って新しいイタリアンのようなお料理を出してくれます。

いつも私が頼むのは地元で採れたシラスとパルミジャーノレッジャーノチーズのパリパリおせんべい。ビールやワインに合うので、毎回お持ち帰りで作ってもらうくらい大好き。毎回内容が変わるアンティパストも欠かせません。

メインのパスタとリゾットも毎回違うので、お友だちと行ったときは二皿頼んで、半分ずつ別皿でシェアしています。

外にはテラス席があるのですけど、湘南の潮風が当

アンティパストミスト（前菜盛り合わせ）は行く度に違っていつも美味しい！

たってとても気持ちがいいです。秋冬でもテラス席を予約してしまうくらいです。
小さいお店ですので、予約は必ず！

シラスとパルミジャーノレッジャーノチーズのパリパリおせんべい。他に鎌倉野菜のリゾットもメニューにあったらぜひ。

注目の御成《おなり》通り商店街にあるスペインバル

PANDA BAR

Information
神奈川県鎌倉市
御成町5-41
☎0467-67-3693

鎌倉駅から徒歩五分の御成通りにあるおすすめのスペインバルです。海もいいけれど、鎌倉お寺巡りもいいですよね。そんなお寺巡りの後に、小町通りの混雑しているエリアを避けて、私は御成通りに逃げ込みます。

コロナ禍で海外に行けなくなってからすっかり食べていなかったピンチョス。「そうなの、私ピンチョス食べたかったのよね」って引き寄せられるように入ったのがこちらのお店です。

入口を入ると何種類もあるピンチョスが目に飛び込んできます。地物のアジのカルパッチョは本場スペインのより美味しくてお値段もお手ごろです。お酒の種類も多くてつい調子に乗ってしまいます（笑）。

鎌倉って食材が新鮮で何

ピンチョスはひとつ310円～。全部食べてみたい。セルベッサ（スペインビール）もぜひ。

を食べても美味しいから、ピンチョスのようにいろいろなものをちょっとずつ食べられると嬉しいんですね。パエリアなどしっかりしたお食事もあります。

他にも、御成通りには素敵なお店が続々と出来ているので、ますます目が離せません。小町通りのようには人がいないのもいいですね。美味しいパン屋さんがたくさんあるので、私は鎌倉を満喫したあとによくパンをお土産に買って帰っています。

外観もとても可愛い！　このハッピーな外観で店に吸い込まれました。

＊撮影／すべて著者

＊この記事は二〇二二年五月二十五日時点での情報です。掲載情報は変更の可能性がありますので、事前に各施設・店舗へ最新の情報をお問い合わせください。

おわりに

この本を手に取り、最後までお読みいただきありがとうございました。

この本は「人の悩みは蜜の味」（ひどいですよね？　私）、そんな黒い気持ちで楽しんでいただいてもいいですし、「明日は我が身！」と、これからの自分に当てはまっていくかもと危機管理能力の強化策として読んでいただいても、どちらでも構いません。

「はじめに」にも書きましたが、同じ問題にぶつかったときでも人の考え方、対処の仕方は、人それぞれです。

もし、深刻に悩んでいたとしても、ちょっと考え方を変えることで解決したりすることがあります。それは、机に置いたコップを見るとき、横から見たら長四角っぽいかもしれませんが、上から見たら丸い形に見えるのと同じことです。

人は悩んでいるとき、そのことだけに集中しすぎて頭が疲れてしまい、冷静な判断ができなくなります。そんなときは、まったく他人の第三者の意見を聞くと、考え方の視点が変わり気持ちが楽になったり、少し解決したりすることがあります。見る角度を変えたら同じコップでも横から見たら四角に、上からだと丸く見えたりするのと同じです。

「なんだ、また地曳いく子がバカを言っているよ」でも構いません。

一つの問題にはいろいろな答えがある。

この本はそんな本です。

みんな悩みながら生きています。私もね。

ありがとうございました。

皆様に愛を込めて。

地曳いく子

本書は、「Our Age」二〇一九年九月〜二〇二二年七月に配信された「地曳いく子のババア上等！　悩み相談」を改題のうえ、加筆・修正したオリジナル文庫です。

地曳いく子
槇村さとるの本

ババア上等！
大人のおしゃれ DO! & DON'T!

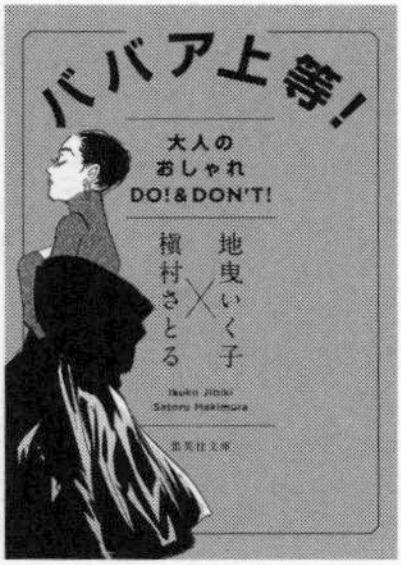

「キツい、重い、かたい」に堪えられなくなったら、それは「おしゃれ更年期」――。スタイリストと漫画家の二人がその突破法を痛快指南！

集英社文庫

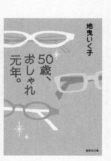

地曳いく子の本

若見えの呪い

いまの時代にシンクロした着こなしやメイク術、年齢を受け入れてかっこよく生きる方法を提案。お悩みにお答えするＱ＆Ａや、お買い物講座も収録。

集英社文庫

集英社文庫　目録（日本文学）

集英社文庫

ババア上等《じょうとう》！　番外編《ばんがいへん》 地曳《じびき》いく子《こ》のお悩《なや》み相談室《そうだんしつ》

2022年9月25日　第1刷　　定価はカバーに表示してあります。

著　者　地曳《じびき》いく子《こ》

発行者　徳永　真

発行所　株式会社 集英社

東京都千代田区一ツ橋2-5-10　〒101-8050

電話　【編集部】03-3230-6095

【読者係】03-3230-6080

【販売部】03-3230-6393（書店専用）

印　刷　凸版印刷株式会社

製　本　凸版印刷株式会社

フォーマットデザイン　アリヤマデザインストア　　マークデザイン　居山浩二

ISBN978-4-08-744432-2 C0195